이 책을
때로는 지치고, 때로는 웃으며,
그럼에도 매일 아이 곁을 지키는 _____에게
드립니다.

당신의 하루가 유난히 무겁게 느껴지는 날에도,
아이의 등을 살며시 쓰다듬으며
말없이 '괜찮아'를 건네는 그 마음,
나는 깊이 알고 있습니다.

이 책이 당신의 등을 조용히 감싸 안아,
"당신은 지금도 충분히 잘하고 있어요"
라고 속삭여 주는
따뜻한 쉼표가 되기를 바랍니다.

그리고 기억하세요.
당신의 사랑이 오늘도 아이의 세상을
환하게 비추고 있다는 것을!

| 저자 **박서경** |

미국 아이오와 대학교(University of Iowa)에서 과학을 전공하고, 고려대학교 대학원에서 영어교육을 전공했습니다. 코칭 자격증을 갖춘 코치이며, 현재 코칭학 박사 과정에 있습니다. 유아부터 초·중등 학생들을 위한 다양한 교육 콘텐츠를 연구·개발하며, 교육기관을 운영하고 있습니다. 옮긴 책으로는 『땅과 바다, 생명 이야기』 『외계인 엠프의 지구 탈출 대작전, 우주선 발사』 『내 꼬리 봤니?』 『우리 꼬리 봤니?』 『신통방통 원자, 세상에서 가장 작은 내 친구!』 『신통방통 우주여행, 태양계의 행성들!』 등이 있으며, 2025년 하반기에 새로운 어린이 도서 출간을 앞두고 있습니다.

부모와 아이가 함께 성장하는 **공감 코칭**

마음을 읽는 부모
단단해지는 아이

글 | 박서경

| 책 머리에 |

무유(無有)법칙:
불완전한 가능성에서 다양한 가능성으로

박서경

'무유법칙'은 인간이 태어날 때 아무것도 갖지 않은 '무(無)'의 상태에서 출발하여, 교육과 성장, 관계와 성찰을 통해 점차 '유(有)'를 창조해 나간다는 철학적 관점에서 비롯됩니다. 이 법칙은 학습의 본질, 인간의 자기 구성 능력, 그리고 내면의 성장 가능성에 기반을 둡니다. 사람은 아무것도 갖지 않은 채 태어나지만, 성장하면서 점차 자기 자신을 만들어 갑니다. 즉, '무'에서 출발한 아이가 성장하면서 부모와 함께 '유'를 창조해 가는 공동의 여정을 의미합니다. 여기서 중요한 점은, 무유법칙은 아이의 삶에만 적용되는 것이 아니라 부모 자신의 삶 또한 새롭게 재구성해 가는 하나의 **성찰적 방법론**이라는 점입니다.

존재론적으로 볼 때 인간은 처음부터 완성된 존재가 아니라, '**불완전한 가능성**'으로 태어납니다. 여기서 '무'는 결핍이 아니라, 다양한 가능성이 열려 있는 공간을 뜻합니다. 이는 루소(Jean-Jacques Rousseau)가 『에밀』에서 언급한 이론과도 맥을 같이합니다. 루소는 인간이 태어날 때 본래 선하며 가능성으로 가득 찬 존재라고 보았으며, 교육의 목적은 아이의 발달 속도와 내면의 필요에 따라 성장하도록 돕는 데 있다고 생각했습니다.

무유법칙 또한 아이를 결핍된 존재로 보지 않습니다. '무'는 결함이나 부족이 아닌, 아직 드러나지 않은 가능성의 상태입니다. 부모와 교사는 아이 안에 잠재된 '유'를 존중하고 기다리며, 아이가 자기만의 방식으로 그것을 창조할 수 있도록 돕는 조력자들입니다. 무유법칙은 아이뿐 아니라 부모 역시 '채워질 수 있는 존재'임을 전제로 합니다.

이 여정의 중심에는 자기 성찰(Self-reflection)이 있습니다. 자녀를 키우는 과정은 곧 부모 자신도 성장하는 과정이며, 이는 캐롤 드웩(Carol Dweck)이 제시한 '성장 마인드셋(Growth Mindset)' 개념과도 깊이 연결됩니다. 인간의 능력은 고정된 것이 아니라, 노력과 경험을 통해 발전할 수 있다는 믿음이 핵심입니다.

무유법칙은 고정된 자아나 부모 역할에 머무르지 않고, 끊임없이 배우고 성장하려는 태도를 지향합니다. 자신의 한계를 인식하고, 그 너머로 나아가려는 부모의 성찰적 태도는 자녀에게도 깊고 긍정적인 영향을 미칩니다.

또 **무유법칙은 인간의 동기를 외부의 보상이나 처벌이 아닌, 내면의 자율성과도 연결합니다.** 이는 에드워드 데시(Edward Deci)와 리처드 라이언(Richard Ryan)의 '자기 결정성 이론(Self-determination Theory)'과 밀접한 관련이 있습니다. 이 이론은, 인간은 본질적으로 자율성(Autonomy), 유능감(Competence), 관계성(Relatedness)이라는 세 가지 기본 심리 욕구를 추구하며, 외적 통제보다는 내재된 동기에 의해 더 깊이 성장한다는 점을 강조합니다. 무유법칙은 이미 아이 안에 있는 내적 성장 동기를 소중히 여기면서 그 동기를 발견해 가는 것입니다.

무유법칙과 이에 따른 여러 이론을 실천으로 옮기기 위해서는, 코칭적 접근이 필수적입니다. 코칭은 단순한 지시나 정보 전달이 아니라, **내면의 동기를 끌어내고, 스스로 답을 찾도록 돕는 질문 중심의 상호 작용**입니다. 이 책에서는 코칭을 '가능성을 발견하고, 자율적으로 선택하며, 의미 있는 방향으로 행동하도록 돕는 과정'으로 정의하며, 이를 무유법칙의 핵심 실행 전략으로 제시합니다.

구체적으로 부모 코칭, 자기 코칭, 아동 코칭, 진로 코칭을 유기적으로 다루고 있습니다. 부모는 자녀를 변화시키기에 앞서, 자기 자신을 먼저 성찰하는 코칭이 선행되어야 합니다. 동시에 아이 역시 자신의 감정, 가치, 진로에 대해 탐색할 기회를 가져야 합니다. 이러한 코칭적 접근은 자녀가 앞으로 삶의 전 영역에서 자율성과 책임감을 갖고 살아가도록 돕는 기반이 됩니다.

교육은 단지 지식 전달이 아닌, 존재의 각성입니다.
양육은 훈육과 관리가 아니라, 공감과 공존의 창조적 여정입니다.
아이는 변화시켜야 할 대상이 아니라, 함께 발견하고 확장해 갈 가능성입니다.

자녀를 키우는 여정 속에서 부모와 아이 모두가 '내 삶의 주인공은 나'라는 자각을 얻고, 자신의 삶을 주체적으로 관리하는 지혜가 쌓여지기를 소망합니다.
이것이 무유법칙이 전하고자 하는 궁극적인 메시지입니다.

| 추천사 |

코칭으로 아이와 함께 성장하는 부모의
'공감과 성찰'의 여정!

한국코치협회 회장 **배재훈**

박서경 저자의 『마음을 읽는 부모, 단단해지는 아이』는 부모가 자신과 자녀를 함께 성장시키는 여정을 담은 따뜻하고 깊이 있는 자기 성찰형 자기 계발서입니다.

이 책은 '완벽한 부모는 없다'라는 현실적인 인식에서 출발합니다. 부모가 자신의 유아기와 아동기를 되돌아보고, 그 시기의 내면의 상처와 감정을 성찰함으로써 보다 나은 양육자로 성장할 수 있도록 안내합니다.

저자는 코칭적 관점에서, 부모가 자신을 이해하고 자녀의 발달 과정을 함께 경험하면서 부모와 자녀가 '동반 성장'할 수 있는 길을 다정하고 섬세하게 풀어냅니다.

특히 유아기의 사회성 발달이 부모와의 관계 속에서 비롯된다는 점을 강조하며, 긍정적 피드백과 인정, 주도성의 발달이 얼마나 중요한지를 실질적인 사례와 성찰적 질문을 통해 제시합니다.

또한 아동기의 인성과 사회성 발달, 고유한 재능 발견에 주목하며, 아이의 '다름'을 존중하고 함께 성장하기 위한 부모의 자세를 돌아보게 합니다.

이 책은 부모가 스스로를 코칭하는 과정을 통해 자녀를 보는 시선을 바꾸고, 가족 모두가 건강하고 의미 있는 관계 속에서 함께 성장할 수 있도록 돕습니다.

진정한 변화와 성장을 바라는 모든 부모님들께, 이 책을 따뜻한 마음으로 추천합니다.

목 차

책 머리에

추천사

제 1장
유아기, 아이도 자라고 엄마도 자란다!   12

1. 유아 발달의 핵심 이해   14
2. 내 인생의 '아하!' 모멘트는?   18
3. '엄마와 아이의 동반 성장' 관점에서 보는 유아기   20
4. 유아기의 사회성 발달은 '엄마와의 관계'에서 시작된다   23
5. 자녀와 나의 '새로운 유아기'에 필요한 것, 인정!   25
6. 유아기의 피드백, 어떻게 해야 할까?   29
7. 유아기 문제 상황에 대한 부모의 대응 전략   36
8. 발달 시기에 따른 소통법   39
9. 주도성은 유아기부터 발달   47
10. 내적 통제감 형성   57

제 2장
아동기, 삶의 방향을 세우는 전환기   68

1. 자아 개념과 자존감이 쑥쑥 자라는 시기   70
2. 자신을 먼저 돌아보는 부모   74

3. 다양한 능력을 나타내는 시기	77
4. 또래 집단의 힘: 부모의 역할을 보완하는 '제 2의 영향력'	80
5. 사회적 자아 존중감, 어디서 비롯되는가?	84
6. 아동기 사회성: '다름'을 받아들이는 힘	87
7. 부모됨의 가장 큰 도전: '인정'	91
8. 소통: 말과 문자는 '속도'보다 '의미'	95
9. 자기 합리화: 부모의 공감이 열쇠다	99
10. 전인 성장: 몸과 마음, 관계까지 함께 자라나기	103
11. 재능 발견: 아이의 빛나는 영역이 보이기 시작한다	112
12. 공감 '갑' 엄마: 엄마의 공감 능력은 위대하다	119

제 3장
자기 계발, 스스로 코칭   124

1. 나를 위한 질문들: 엄마가 행복해야!	126
2. 나를 돌아보기 위한 검사 도구: 애니어그램	131
3. 코칭이란: 내면의 나를 찾는 과정	138
4. 나는 어떻게 소통하는가?	144
5. 내 인생의 중심은 '나'다	152

책을 마무리하며…   160

제 1 장

유아기,
아이도 자라고 엄마도 자란다!

나의 유아기인가?

내 아이의 유아기인가?

지금 나는 인생의 어느 지점에 와 있을까?

결혼 전의 삶은 오롯이 '나'를 위한 여정이었다.

그런데 결혼하고 아이를 낳은 뒤, 왜 나는 자주 헛헛함을 느끼는 걸까?

나는 엄마의 삶에서, **결혼 후 첫 10년간을 일종의 '심리적 유아기'**로 본다.

아이가 성장하는 동안, 엄마 또한 삶의 새로운 단계에서 다시 배우고 자란다.

이 과정은 성인기에서도 자아 성찰이 지속된다는 점에서 중요하다.

엄마로서의 정체성이 서서히 자리 잡아 가는 과정에서,

나 역시 점점 더 나 자신을 이해하게 되니까….

나를 진정으로 알고 싶다면, 내 삶의 유아기와도 같은 이 시간을 되짚어 보자.

"왜 이제야 알게 되었을까?"

늦은 깨달음 앞에서 자책할 수도 있지만,

지금이 내 인생에서 가장 빠른 성장의 순간임을 믿어 주기로 하자.

그럼, 이 깨우침은 분명 내게 와 준 소중한 선물이 될 것이다.

내 아이의 유아기를 함께하며, 나의 '심리적 유아기' 또한 품어가는 시간!

그 안에서 우리는 진정한 동반 성장을 경험할 수 있다.

1. 유아 발달의 핵심 이해

유아의 발달은 단순히 신체적 변화만이 아니라, 정서적, 인지적, 사회적 성숙이 복합적으로 이루어지는 과정이다. 그렇기에 아이의 특정 행동만을 근거로 성장을 단정하기보다는, 전인적 관점에서 아이를 바라보아야 한다. 예컨대, 언어 발달이 빠르거나 느리다고 해서 다른 영역에서도 성숙하거나 미흡하다고 볼 수는 없다. 아이의 발달은 각자 고유한 속도와 방식으로 이루어지기 때문이다.

코칭의 관점에서도 중요한 것은 아이의 '현재 모습'에 대한 평가가 아니라, 그 안에 담긴 가능성과 앞으로의 성장 여정이다.
성장은 결과가 아니라 과정이다.
아이는 매일 조금씩 자라나는 중이다.

발달의 세 가지 핵심 개념 이해
유아기(3세~6세)에서의 발달을 잘 이해하기 위해서는 다음 세 가지 개념을 명확히 알아야 한다.

❶ 성장(Growth)

성장은 단순한 신체적 변화만을 의미하지 않고, 정서, 사회성, 언어 등 다양한 발달 영역에서의 점진적인 변화와 확장을 포함한다. 유아는 키가 크고 근육이 발달하는 동시에, 또래와 어울리고 감정을 조절하며, 언어로 자신을 표현하는 능력도 함께 자라난다.

❷ 성숙(Maturity)

성숙은 내면의 심리적·정서적 변화를 뜻한다. 자기 자신을 이해하고 감정을 조절하며, 타인의 감정과 입장을 공감하는 능력이 성숙의 일부이다. 이는 나이에 따라 자연스럽게 형성되기도 하지만, 환경과 관계의 영향을 크게 받는다.

❸ 학습(Learning)

학습은 새로운 정보와 경험을 받아들이고, 이를 바탕으로 행동과 사고를 변화시키는 과정이다. 문제 해결 능력, 창의성, 자기 조절 능력은 반복되는 학습과 경험을 통해 길러지며, 이는 아이의 잠재력을 실현하는 핵심 도구들이다.

이 세 가지 요소는 서로 분리되어 있지 않고 유기적으로 연결되어 작용한다. 이를 이해하고 균형 있게 돕는다면, 아이의 발달은 더 깊고 건강하게 이루어질 것이다.

유아기를 바라보는 부모의 시선

아이는 나이에 맞는 발달을 해 나가고 있음에도, 부모의 눈에는 자꾸만 부족하고 미숙하게 보일 수 있다. 아니, 오히려 미흡한 부분만 더 선명하게 도드라져 보이고, 장점은 무심히 지나치고 만다.

사회인지학습 이론으로 잘 알려진 심리학자 반두라(Albert Bandura, 미국심리학회가 선정한 '20세기 가장 영향력 있는 심리학자 4인' 중 한 명)는 미국심리학회의 어느 연설에서 "우리는 성공보다 실패에 관한 이론에 훨씬 더 많은 관심을 기울인다(We are more heavily interested in the theories of failure than we are in the theories of success.)"라고 강조한 적이 있다.

본능적으로 인간은 성공보다 실패를 더 뚜렷하게 인식한다. 이는 부모가 아이의 부족한 면만 더 부각해서 보는 경향과도 일맥상통한다.

그래서 유아기일수록 특히 '긍정의 렌즈'를 장착하는 것이 중요하다.

'긍정의 렌즈'가 필수

유아기는 자아 형성의 중요한 시기이다.

이때 부모가 작은 성취도 인정해 주면, 아이는 '나는 잘하고 있다'라는 자신감이 생겨 새로운 도전에 나설 용기를 얻게 된다. 아이의 마음에 자기 확신이 차오른다. 이러한 믿음이 '자기 효능감(Self-efficacy)'이다.

자기 효능감이 높은 사람은 도전 앞에서 적극적으로 행동한다. 반면에, 자기 효능감이 낮은 사람은 쉽게 포기하고 도전을 피하려 들고, 나아가 모든 실패를 자신의 무능으로 해석하려 든다. 불안과 위축을 안고 자라났기 때문이다.

코칭은 인간을 무한한 가능성을 가진 존재로 본다. 즉, 인간은 자신에게 필요한 답을 스스로 찾을 수 있다고 여긴다. 해낼 수 있다는 신념만 있다면 말이다. 신념이 행동을 결정하기 때문이다.
그런 까닭에 생활 속 일상에서 부모는 아이의 작은 노력이나 성취에 집중해서 말해야 한다고 생각한다.

- "오늘 네가 ~~을 했다고? **정말 기특하네!**"라고, 긍정의 말을 구체적으로 하는 것이다.
- 미흡하거나 실패했을 때는 **"이 또한 성장의 한 걸음이야"**라고 공감해 주면 된다.

2. 내 인생의 '아하!' 모멘트는?

인생을 살며 문득 어떤 통찰을 얻는 순간이 있다. 이른바 '아하(Aha!)! 모멘트'이다. 그것은 단지 새로운 정보를 알게 되는 것을 넘어, 자신에 대한 인식이 깊어지고 세계를 바라보는 시야가 전환되는 계기로 작용한다. 철학자 가다머(Gadamer)는 이러한 인식의 전환을 "이해의 수평선이 융합되는 순간"이라고 말하며, 인간은 타자와의 만남을 통해 끊임없이 자신을 다시 해석해 나가는 존재라고 보았다.[1]

이러한 관점은 부모 됨에 있어서도 그대로 적용된다. **'부모가 되는 것'은 단순히 자녀를 돌보는 역할을 넘어, 끊임없이 자신을 재발견하고 성장하는 존재가 되는 과정이다.** 심리학이 과거의 상처를 돌보고 치유하는 데 집중한다면, 코칭은 미래지향적이다. 스스로 자신의 가능성에 주목하여 선택하고, 실행하도록 이끈다. 이러한 미래 지향성과 자기 주도성은 부모로서의 존재 방식에도 중요한 시사점을 준다.

코칭적 부모 됨은 자녀를 통제하는 것이 아니라, 함께 성장하고자 하는 열린 태도에서 출발한다. 즉, '지도자'가 아니라 '동반자'로서 부모 자신

---

1) Hans-Georg Gadamer, 『Truth and Method』, 1960.

이 먼저 자기 삶을 성찰하고 실천하는 모습을 보여 줄 때, 아이 또한 자신의 삶을 주도적으로 살아갈 수 있게 된다.

우리는 무엇을 위해 가정을 이루고 있는 걸까?
우리 인생에서 진정한 행복이란 무엇일까?
어쩌면 우리는 그동안 스스로에게 질문할 시간조차 없었고, 누군가로부터 그런 질문을 받아본 적도 없었기에 생각해 볼 기회조차 놓쳤는지 모른다.
심리학자 마틴 셀리그만은, "행복을 원한다면, 지금까지 당신이 갖고 있던 '행복'에 대한 시각부터 바꾸라"고 조언한다.
내 행복의 기준은 뭘까? 10대, 20대, 30대, 40대, 50대 등 10년 간격으로 한 가지씩 적어 보자. (단어로만 적어도 된다.)

10대
_____

20대
_____

30대
_____

40대
_____

50대
_____

3. '엄마와 아이의 동반 성장' 관점에서 보는 유아기

유아기는 아이뿐만 아니라 부모에게도 '다시 태어나고 성장하는' 기회이자 과정이다. 이 시기에 나타나는 대표적인 특징은 **분리 불안, 독립성과 자기 주장, 사회적 규칙 이해와 관계 형성**이다.

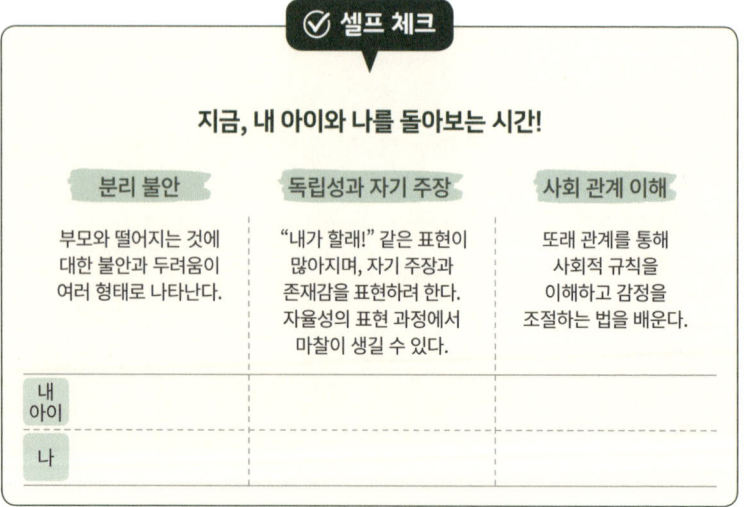

위의 도표를 보면서, 현재 내 아이와 내가 마주하고 있는 부분을 표시해

보자. 내 아이는 **노란색 동그라미, 나는 빨간색 동그라미**로.

그런데 왜 엄마인 나까지 표시해야 할까? 그 이유는 유아기의 특징들이 이 시기의 유아를 양육하는 부모의 심리 상태와 매우 닮아 있기 때문이다. 부모 또한 내면에서 유사한 발달 과정을 겪고 있다.

유아기의 첫 번째 특징은 분리 불안이다! 그런데 분리 불안이 아이에게만 있을까? 아이가 아닌, 아이와의 분리를 불안해하는 엄마 자신에게도 있지 않을까? '아이 없이 내가 괜찮을까?' 또는 '나와 떨어지면 아이가 불안해하겠지?'라는 걱정은 **아이가 아닌, 내 내면의 감정**일 수도 있다.

독립성에 대해서도 마찬가지다. 독립성은 유아가 자기 존재를 표현하고 성격을 발견해 가는 과정이다. 그래서 자연스럽게 주변 인물(형제, 자매, 부모, 또래 등)과의 충돌이 발생하는 시기이다. 이러한 마찰은 아이가 **자기 자신을 발견하고 성장하는 통과의례로 이해하면 된다.** 아이의 감정을 존중하고 표현을 인정해 주는 태도가 핵심 코칭 포인트이다.

그런데 아이에게 독립성이 중요한 만큼, 엄마인 나도 독립적인 존재로 살아가고 있는지 돌아볼 필요가 있다. 엄마 스스로 결정하기 어려워하거나, 타인의 기준에 따라 움직이는 패턴이라면, 내 아이 역시 그 영향을 받을 수 있어서다.

사회성은 어떨까? 유아는 또래와 놀면서 사회적 규칙을 배우고, 감정을 인식하고 조절하는 법을 익힌다. 친구와의 갈등, 양보, 기다림 등이 모두 사회적 기술의 기초가 된다. 그런데 현재의 엄마인 나의 사회성은 어떤 모습일지, 자문해 보자. 예를 들어, 내가 친구 한두 명과만 어울리는 성향이라면, 아이도 단둘이 있는 시간을 더 편하게 느낄 수 있다.

아이의 사회성 발달이 미흡하다고 느껴질 때, 먼저 나의 사회성을 돌아볼 필요가 있는 이유가 여기에 있다. 아이는 가르침보다 모델링(모범)을 통해 배운다.

4. 유아기의 사회성 발달은 '엄마와의 관계'에서 시작된다

　유아기의 사회성 발달은 아이가 사회적 존재로 생활하는 데 중요한 기반이 된다. 아이는 타인과의 상호 작용을 통해 사회적 규범, 역할, 감정 이해와 표현, 그리고 적절한 행동을 배우지만, 그 출발점은 '가정', 그중에서도 가장 가까운 '엄마와의 관계'이다.

태어난 지 6개월이 된 아기조차도, 누구를 보면 웃고 울고 떼를 써야 할지를 구분한다. 생후 6개월부터 아이는 엄마의 표정, 말투, 반응을 통해 감정 사이의 연결 고리를 익힌다. 이 초기의 상호 작용이 감정 조절력, 공감 능력, 사회적 유대감의 토대가 된다.

그런데 엄마도 사회성 문제에서 자유롭지 않다. 엄마 역시 유사한 사회적 갈등을 겪고 있다. 결혼 후 새로운 가족과의 관계 속에서 새로운 사회 구조를 형성하면서 관계의 갈등, 자기 주장, 타협, 역할 분담 등의 과제를 반복적으로 경험한다. '이럴 땐 참아야지' 또는 '지는 것이 이기는 것이다'라는 마음으로 스스로를 다독이기도 하고, 때로는 이번만큼은 내 고집을 끝까지 관철시켜야만 '존재감을 지킬 수 있다'라는 생각이 들기도 한다.

이렇듯 부모가 되었다는 건, 아이를 키우는 동시에 자신을 다시 깨달아

가는 과정이다. 코칭적 접근에서 부모는 '가르치는 사람'이 아니라 **'아이와 함께 배우고 성장하는 동반자'**이다. 아이의 감정과 행동은 부모 내면의 상태를 비추는 거울일 수 있다.

> ✅ **셀프 체크**
>
> 우리 가정에서는 사회적 역할이 어떻게 분배되어 있을까?
> 신생아까지 포함한 가족 구성원 모두의 역할을 한 번 나열해 보자.
> 서로의 역할을 인식하는 것만으로도 가족 간의 이해가 깊어지고, 새로운 관계의 균형을 찾을 수 있다.

5. 자녀와 나의 '새로운 유아기'에 필요한 것, '인정'!

"내가 마지막으로 나 자신을 인정해 준 순간은 언제였을까?"
"내 아이를 있는 그대로 받아들였던 순간은?"
우리는 흔히 무언가 '문제가 생겼을 때'에야 비로소 그 상황을 '인정'하고 해결하려는 태도를 취하곤 한다. 그러나 '인정'은 단지 문제 해결을 위한 도구가 아니라, 다른 사람의 감정이나 상황을 이해하고 존중하는 마음이며, 그 존재를 있는 그대로 받아들이려는 자세이다.

심리학적으로 본 '인정'의 힘

사람은 본능적으로 자신을 방어하려는 성향이 있다. 누군가가 "넌 이걸 고쳐야 해"라고 말하면, 그 순간부터 무의식적으로 마음의 벽을 쌓게 된다. 그래서 진정한 관계의 시작은 **'변화시키려는 시도'**가 아니라 **'존재 자체에 대한 인정'**에서 비롯된다.

특히 양육 관계에서는 이 '인정의 힘'이 배가된다. 아이가 실수했을 때, "왜 또 그래?" 대신 "그럴 수도 있어!"라고 반응하는 부모의 태도는 아이의 자기 효능감과 안정감을 키우는 토대가 된다.

교육학적으로도 '인정'은 학습의 전제 조건

'인정'은 아이에게 심리적 안정감을 제공하는 핵심 조건이다. 아이의 감정, 욕구, 실수, 가능성을 있는 그대로 받아들이는 부모의 태도는 아이로 하여금 자기 자신을 탐색하고 새로운 도전에 나설 수 있는 심리적 공간을 만들어 준다.

'아이를 믿는 만큼, 아이는 자기 자신을 믿는다.'

부모에게도 필요한 '자기 인정'

'인정'은 아이에게만 필요한 것이 아니다.
부모인 나 역시 스스로를 인정하고 수용하는 힘이 필요하다.
"나는 지금, 있는 그대로의 나를 받아들이고 있는가?"
완벽하지 않아도 괜찮다.
인정은 변화의 출발점이자, 자기 자신에게 보내는 가장 따뜻한 메시지다.

우리는 '긍정의 힘'을 말하면서도 현실에서는 자기비판과 비교의 습관 속에서 살고 있다. 비교는 조용히 시작되지만, 결국은 나를 향한 자기 부정과 후회로 이어진다.
"그때 내가 좀 더 참았더라면…."
"다른 부모들은 저렇게 잘하는데…."
"내 아이는 왜 이럴까…?"
하지만 이러한 비교는 누구에게도 이롭지 않다.

나도, 내 아이도, 세상에 단 하나뿐인 귀한 존재이다.
우리는 '완벽함'이 아니라 '진실함'으로 사랑받을 자격이 있다.

> **✓ 셀프 체크**

오늘 내가 비교했던 것은 무엇이었을까?

> **겸허히 나를 '인정'하기 위한 오늘의 '나 인정 선언'**
>
> 아래 문장을 천천히 스스로에게 말해 보자.
>
> 1. 나는 나로서 충분하다.
>
> 2. 내 아이는 내 뱃속에서 태어났다.
>
> 3. 나는 내 자신이 자랑스럽다.
>
> 4. 나는 지금까지 정말 열심히 살아왔다.
>
> 5. 나는 나를 위해 시간을 쓸 줄 아는 사람이다.

이렇게 스스로를 인정하기 시작하는 순간, 아침 햇살이 더 따뜻하게 느껴질 것이다. 나는 누군가의 부모이자, 여전히 성장 중인 존재로 열심히 살고 있고, 지금 이 모습 그대로도 충분하다.

내 자신을 인정하고, 내 아이도 인정하자.
그때서야 나는 비로소 더 깊은 사랑을 줄 준비가 되어 있을 것이다.

6. 유아기의 피드백, 어떻게 해야 할까?

　엄마들의 시선에서 유아는 아직 '아기'로 여겨진다. 그래서 종종 아기 용어를 사용하게 되는데, 대표적인 예가 "우쭈쭈" 같은 표현이다. 그런데, 부모가 이런 표현을 쓸 때 아이의 입장에서는 어떻게 들릴지 깊이 생각해 본 적이 있을까? 대부분의 부모나 어른들은 "당연히 아기니까, 우쭈쭈하지"라고 말한다. 하지만 이 말은 실은 아이를 위한 것이라기보다, 돌봄을 제공하는 어른 스스로가 안도하기 위한 말일 수도 있다.
디즈니 애니메이션 중에 아기들의 시선으로 세상을 바라보는 이야기들이 많다. 그 속의 아이들은 어른들이 생각하는 것보다 훨씬 다양한 것을 느끼고, 기억하고, 추론한다. 단지 애니메이션의 대본이라고만 여길 것은 아니다. 유아기에 필요한 것은 단순한 아기 말이 아닌, 존중과 연결이 담긴 언어이다.
유아는 단순한 말놀이나 아기 말투보다 **명확하고 완전한 문장, 그리고 진정성 있는 소통을 원한다.** 유아가 다양한 단어와 문장 구조에 노출될수록 어휘력은 증가하고, 자신의 감정을 신체적 표현으로 나타내는 데 더 능숙해진다. 이로 인해 사회적 상호 작용이 원활해지고, 정서적 발달에도 긍정적인 영향을 미친다. 그렇다고 해서 "우쭈쭈 하지 마세요"라는 단순한 금지의 의미는 아니다. 핵심은 **아이의 언어 능력을 존중하고, 그에 맞는 구체적이고 진심 어린 피드백을 해 주자는 것**이다.

"너, 잘했어!"보다는 "책을 제자리에 꽂은 건 정말 잘했어. 정리왕이야!"라는 구체적이면서 진심 어린 표현이 아이의 내적 동기를 키운다.

식물도 긍정적인 말을 들으면 잘 자란다고 한다. 그만큼 긍정의 힘은 막강하며, 긍정적 피드백은 유아기의 정서 발달과 자존감 형성에 중심 역할을 한다. 단순한 칭찬을 넘어, 행동을 구체적으로 언급하고, 그 의미를 인식하게 하는 피드백이 필요하다.

과정 중심의 피드백(Process-focused Feedback)

'아이를 키운다'라는 말은 곧 '존재를 존중한다'라는 태도의 실천이다. 말은 관계를 형성하는 방식이다. 무심한 말 한마디에도 아이는 자신의 존재 가치에 대하여 판단하게 된다.

"아이들은 '잘하고 싶다'는 내적 욕망을 지니고 태어난다. 우리가 해야 할 일은 그 동기를 꺾지 않고 지지하는 것이다."

이는 심리학자 캐롤 드웩의 말이다. 그는 사람들이 **"자신의 능력에 대해 어떻게 인식하느냐가 실제 성취와 행동에 큰 영향을 미친다"**고 보았다. 그는 이를 '마인드셋'이라 불렀다. 마인드셋은 두 가지 관점으로 나뉜다. '고정 마인드셋(Fixed Mindset)'은 지능, 재능, 성격은 타고난 것으로 변하지 않는다고 믿는 태도이고, '성장 마인드셋(Growth Mindset)'은 능력과 지능은 노력과 전략을 통해 발전될 수 있다고 믿는 태도이다.

드웩은 고유한 내적 동기(Intrinsic Motivation)야말로 아이들을 진정한 학습과 성장으로 이끄는 핵심 원동력이라고 강조한다. 내적 동기란 외부의 보상이나 처벌에 의한 행동이 아니라, 스스로 흥미와 의미를 느끼며 자발적으로 노력하게 만드는 내면의 에너지를 뜻한다. 이러한 동기가 작동할 때, 아이는 자신의 가능성을 믿고 역량을 개발하며 도전하고 성장하려는 본능적 힘을 발휘하게 된다.

드웩에 따르면, 아이들은 학습과 성장의 여정 속에서 자신이 변화할 수 있다는 믿음을 가지게 되고, 이를 기반으로 도전적인 태도와 회복 탄력성을 기른다고 한다. 이 과정에서 부모나 교사가 해야 할 가장 중요한 역할은 아이의 내적 동기를 꺾지 않고 지속적으로 북돋아 주는 일이다.

이를 위한 핵심 전략이 바로 '과정 중심 피드백(Process-focused Feedback)'이다. 이는 결과의 성공 여부보다는, **아이가 보여준 노력, 선택한 전략, 문제 해결을 위한 시도와 태도에 초점을 맞추어 피드백을 제공**하는 방식이다. 실패 역시 단순한 좌절이 아닌 성장의 일부로 받아들이도록 돕는 것이 중요하다.

아이들이 도전적인 과제를 두려움이 아닌 학습의 기회로 받아들이도록 하려면, 무엇보다 신뢰와 격려를 바탕으로 아이의 마음을 지지하는 환경이 필요하다. 그 안에서 아이는 자신의 실수와 실패조차 탐색과 배움의 자원으로 전환하여, 점차 스스로에 대한 믿음과 학습에 대한 긍정적 태도를 형성하게 된다.

구체적으로 '인정'해 주기

"칭찬은 순간을 빛나게 하지만, 공감과 인정은 마음을 자라게 한다"라는 말이 있다. 우리는 '잘했어!'라는 말에도 자신감을 얻지만, 자신의 감정과 행동이 깊이 이해받고 있다는 느낌을 받으면 더 큰 내적 동기를 얻는다. 이러한 언어는 자존감을 키우고, 도전할 용기를 품게 만든다. 사랑하는 아이의 가능성을 여는, 구체적인 '인정'의 말들을 생각해 보자.

💬 아이의 가능성을 여는 언어

구체적 인정,
아이 마음을 여는 대화의 시작

다음은 아이의 행동에 대해 구체적으로 인정하는 긍정 피드백 예시이다.

1. 오늘 책을 제자리에 꽂았구나!
   정리 잘하는 모습이 멋졌어.

2. 지금 엄마를 도와 숟가락을 놓아 줬지?
   정말 훌륭한 팀원이야.

3. 동생에게 화장실 먼저 쓰게 해 줬구나.
   양보하는 마음이 참 예쁘다.

4. 아침에 엄마 꼭 안아 줘서 고마워.
   그 포옹 덕분에 힘이 났어.

> 5. 스스로 밥 먹고 양치까지 했다니,
>   정말 멋진 하루를 시작했구나!
>
> 6. 엄마 도움 없이도 이불 정리를 혼자 했네?
>   정말 다 컸구나!
>
> 7. 오늘 유치원 이야기 들려줘서 엄마가 정말 기뻤어.
>   너랑 얘기 나누는 시간이 제일 좋아!

이 피드백들의 공통점은 바로 '구체적'이라는 점이다.

아이는 단순히 '잘했어'라는 칭찬보다, 무엇을 잘했는지 구체적으로 들을 때 더 깊은 이해를 한다. 이는 심리학에서 말하는 '내재적 동기의 강화'에 해당하며, 스스로의 행동을 의미 있게 받아들이고 반복하게 만드는 힘이 된다.

또한 피드백에 다양한 표현을 담는 것도 중요하다. 특히 '고마워'라는 단순한 인사말보다, '~해 줘서 고마워(Thank you for doing something.)'처럼 구체적인 이유가 함께 제시될 때, 아이는 자신의 행동이 타인에게 긍정적 영향을 주었음을 체감하게 된다. 이는 곧 공감 능력과 도덕성 발달에 기여한다.

> 💬 **회복 탄력성을 기르는 언어**

다음은 아이가 실수했을 때,
그 상황을 성찰과 회복의 기회로 전환하는 대화 예시이다.

상황 1: 음식을 실수로 떨어뜨렸을 때

"어이쿠! 음식이 떨어졌네. 괜찮아. 다음엔 좀 더 조심하면 돼.
엄마랑 같이 치워 볼까?"

→ 코칭 포인트: '실수해도 괜찮다'라고 정서적으로 안정감을 준 뒤, 아이 스스로 행동을 수습하도록 돕는 말이다. 이는 자율성과 책임감을 함께 키우는 피드백이다.

상황 2: 생리적 실수를 했을 때

"실수했구나. 괜찮아, 누구나 그럴 수 있어. 다음에 느낌이 오면 얼른
말해 줄 수 있을까? 엄마는 네가 점점 더 잘할 거라 믿어."

→ 코칭 포인트: '부끄러움'이 수치심으로 이어지지 않도록, '성장 가능성에 대한 신뢰'를 바탕으로, 실수를 정체성과 연결하지 않고 분리하여 설명한다.

상황 3: 넘어졌을 때

"아이코, 많이 놀랐지? 어디 다친 데는 없니? 우리 잠깐 쉬었다가
다시 해 보자. 네가 용기 냈던 모습, 엄마는 정말 멋지다고 생각해."

→ 코칭 포인트: 아이가 시도한 노력 자체를 인정하는, 성장 마인드셋을 키우는 칭찬이다. 실패보다 '시도'에 초점을 두면, 도전하는 아이로 성장해 간다.

이처럼 상황에 맞게 아이의 감정과 행동을 온전히 인정하면서, 다음 행동을 유도하는 대화는 자존감과 자기 조절 능력을 키우는 데 매우 효과적이다.

'실수'는 성장의 시작이 될 수 있고, '인정'은 아이의 내면을 열 수 있는 열쇠가 된다.

아이가 자기 행동의 의미를 이해할 수 있도록 도와주는 대화는 '존재를 존중하는 태도'이기도 하다. 아이를 '완성되지 않은 존재지만, 가능성이 열려 있는 하나의 주체로 대하는 것', 그것이 진정한 부모 코칭의 관점이라고 생각한다.

7. 유아기 문제 상황에 대한 부모의 대응 전략

유아기에는 예기치 못한 다양한 문제 상황이 발생한다. 이때 부모는 즉각적이기보다는 신중하게 반응해야 한다.
아이가 장난감을 던졌을 때, "왜 또 던졌어?"라고 말하기보다는 그 전에 어떤 감정과 자극이 있었는지를 살피는 것이 우선이다. 아이가 짜증을 내는 이유가 다른 아이와의 비교로 인한 자존감 저하일 수도 있고, 피곤함일 수도 있다.

문제 행동에 대한 반응

결과 중심 대응의 한계
결과 중심의 대응은 행동의 표면만을 바라보게 만들어, 정작 그 행동을 유발한 감정이나 원인은 간과될 수 있다.

유발 자극에 초점을 맞춘 대응
문제 행동은 대개 감정 조절이 미숙하거나, 환경적 스트레스 요인이 작용할 때 나타난다. 아이의 행동을 바꾸려면, 행동의 결과보다는 그것을 촉발한 유발 자극을 파악하고 조절할 수 있어야 한다.

이러한 유발 요인을 다루는 전략은 다양하지만 가장 근본적인 접근법은: 아이의 발달 수준에 맞는 기대치를 갖고, 정서적으로 안전한 환경을 만들고, 문제의 원인을 함께 탐색하는 대화를 시도하는 것이다. 이런 방식의 대화는 아이가 자기 조절 능력을 기르는 데 도움이 된다.

사회성과 주도성의 형성
유아기에는 사회성과 주도성의 문제가 자주 나타난다. 이 두 가지는 아이의 정체성 형성과도 밀접하게 연관되어 있다.

- **사회성 문제**는 과잉 보호와 관련이 있다. 많은 부모는 아이의 모든 요구를 들어주고 도와주는 것이 '사랑'이라 여기지만, 이는 오히려 자율성의 기회를 빼앗고, 타인과의 상호 작용에서 쉽게 좌절하게 할 수도 있다. 이로 인해 아이들의 생애 첫 사회생활인 유치원, 놀이방 등에서 적응하는 데 어려움을 겪게 될 수 있는 것이다.
- **주도성 문제**는 과도한 통제가 자율성 위축으로 이어질 때 발생할 수 있다. 아이 스스로 문제를 해결하려는 기회를 충분히 가지지 못하면, 아이는 '틀리면 안 돼'라는 인식이 강해지고, 실패에 대한 두려움이 커진다. 이는 자발적 시도나 창의적 문제 해결을 회피하게 만든다. 자율성이 위축되는 것이다.

자녀 양육에서 문제가 반복될 때, 부모는 종종 이렇게 자신을 규정짓는다.

"나는 원래 이런 사람이야."

"이 아이는 내 유전자를 닮아서 그래."

하지만 이는 아이의 정체성에 고정된 낙인을 찍는 것이므로 피해야 할 생각이다.

철학자 사르트르는 "존재는 본질에 앞선다!"라고 했다. 인간은 정해진 성격이나 운명에 의해 행동하는 존재가 아니라, 매 순간 선택을 통해 변화할 수 있는 존재라는 말이다.

아이도, 부모도 마찬가지다.

지금의 행동은 학습된 반응일 뿐이며, 그 배후에는 감정, 환경, 관계의 맥락이 상호 작용하고 있다.

부정적인 피드백, 과잉보호, 일관성 없는 훈육은 아이의 사회성과 주도성 발달에 악영향을 준다. 유아기에 발생하는 문제는 정신적·정서적으로 스펙트럼이 매우 넓어, 이를 이해하기 위해서는 열린 시각으로 접근해야 한다.

8. 발달 시기에 따른 소통법

 아이는 발달 시기에 따라 이해도와 감정 표현 방식이 다르다. 따라서 발달 시기와 수준을 고려하지 않고 성급한 판단을 내리는 것은 경계할 일이다. 발달 단계를 고려하지 않고 섣부른 판단이나 기대를 하면, 아이는 이해받지 못한다는 느낌을 갖게 되고, 이는 정서적 거리감으로 이어질 수 있다.

 연령에 따라 언어 발달, 감정 표현 방식, 사고 능력이 매우 다르다. 그래서 유아기 소통법과 아동기 소통법이 다르고, 20대, 30대, 40대, 50대 소통법이 세대별로 다 다른 것이다. 이러한 차이를 이해하고, 발달 시기의 특성에 맞는 관점과 언어로 접근하는 것이 부모가 '코치'로서 성장하는 가장 핵심 사항이다.

유아기 소통법: 놀이와 감정, 그리고 모방을 통한 배움
유아기는 언어와 감정 표현이 폭발적으로 발달하는 시기이다. 그 특징을 간단히 요약하면 다음과 같다.

- 언어 발달이 급속도로 진행되며, 짧고 명확한 문장을 통해 의미를 빠르게 습득한다.
- 감정 표현은 매우 직접적이며, 말보다 행동으로 표현되는 경우가 많다.
- 놀이는 단순한 즐거움이 아니라 학습과 정서적 연결의 통로이다.

따라서 이 시기에는 짧고 간결한 문장 사용 및 모델링(행동 시범)이 효과적이다. 모델링이란 특정 행동에 대한 관찰을 통해 그 행동을 모방함으로써 학습하는 과정이다. 예를 들어 정중한 인사나 감정 표현, 물건 정리 등이 그것이다. 사회적 상호 작용 속에서 아이의 사고가 발달하기에 특히 유아기에는 모방을 통한 학습이 매우 중요하다.

이런 까닭에 올바른 표현을 하고 구체적인 칭찬을 해 줘야 한다. 작은 성취에 대한 단계별 격려가 필요하다. 예를 들어 "스스로 신발을 신었구나! 정말 대단해!" 등이다.

아동기 소통법: 자율성과 책임감을 함께 키워 가는 대화

아동기는 규칙을 내면화하고, 자율성을 키워 가는 시기여서 일관성과 논리성, 그리고 신뢰를 기반으로 한 피드백이 필요한 시기이다. 아이는 점차 자신의 판단으로 행동하려는 욕구가 커지고, 자기 조절력을 형성해 간다. 단, 감정 조절 능력은 아직 미숙하여, 본인이 의도한 대로 되지 않거나 해결이 안 되면 울기 시작하거나 화를 내고 소리를 지르기도 한다.

이런 때는 긍정적인 소통 즉, **부모가 논리적으로 문제에 접근하는 모습**을 보이는 모델링이 필요하다.

- 이 시기에는 **일관성 있는 피드백으로 소통**하는 것이 중요하다.
예를 들어 아이에게 식사 후, "잘 먹었습니다"라는 인사를 가르쳤다면, 아이는 매번 식사가 끝날 때마다 그렇게 인사할 것이다. 그때마다 긍정적인 피드백을 반복해서 주는 것이 중요하다. "인사하는 모습, 정말 예쁘다. 고마워!" 등의 피드백을 주는 것이다.

- **자율성은 존중하되 방향은 함께 고민하는 대화**가 필요하다. 문제가 생기면 구체적인 설명과 예시를 주는 게 좋다. 예를 들어, 아이와 약속한 주말 과제가 있다고 하자. 학습지가 될 수도, 책 한 권 읽기가 될 수도 있다. 하지만 아이가 그 약속을 늘 지키지는 못 한다. 이런 상황에서 어떻게 대화를 이끌어 가야 할까?

예시 상황

아이가 주말 과제를 못 했을 때

대처 1: "이번에도 못 했네. 왜 못 했을까?" (비난, 통제 느낌)

대처 2: "아직 못 했구나. 그럼 다음엔 어떤 순서로 하면 시간 맞추어 할 수 있을까? 시간표를 함께 짜 볼까?"

"우리 앞으로 토요일에는 일어나자마자 과제를 먼저 해 볼까? 어떻게 생각하니?" (해결 중심)

이러한 접근은 **책임을 묻기보다 책임감을 함께 만들어가는 태도**이다. 이는 아이의 자율성과 자기 결정권을 키워 주는 튼튼한 기반이 된다. 스스로 할 수 있다는 경험을 통해 아이는 자존감을 쌓게 되고, 부모로부터 인정받고 있다는 자부심도 느낀다.

부모와 아이 사이의 소통도 일방적인 훈육이 아닌 상호 이해를 향한 대화, 즉 "유아는 감정을 나누는 존재로, 아동은 의미를 함께 구성하는 존재로 바라보아야"[2] 한다.

아이가 세상을 이해하는 방식은 나이에 따라 근본적으로 달라지기 때문에, 이를 존중하는 것이 무엇보다 중요하다.

청소년기(초등 고학년~중학생) 소통법: 주도성과 자기 인식을 돕는 대화

초등학교 고학년이 되고 중학생이 되면, 전두엽 발달이 폭발적으로 이뤄지면서, 아이들은 단순한 사실의 이해를 넘어서 추상적인 사고가 가능해진다. 자기 삶에 대한 의미를 성찰하는 능력도 점차 갖추게 된다.

따라서 이 시기에는 **자기 주도적 목표 설정과 실행 능력**을 키워 가며, 자신의 감정과 정체성을 탐색하려는 내적 욕구가 강해진다. 이런 때 요구되는 것이 스스로 목표 설정을 하고 실행하는 주도성 발달이다.

또한 사회적 관계와 타인의 시선에 민감해지는 시기이기도 하여, 자신의 감정을 인식하고 표현할 기회를 지속적으로 제공해야 한다.

---

[2] 마르틴 부버(Martin Buber), 『Ich und Du』, 2000

자기 감정 인식과 표현 돕기

감정은 행동의 바탕이자 관계 형성의 열쇠다. 이 시기의 아이들은 자신의 감정을 복잡하게 경험하지만, 여전히 이를 명확하게 표현하는 데에는 익숙하지 않을 수 있다. 이럴 때 다음과 같은 활동이 자신을 독립적인 존재로 인식하는 데 도움이 된다.

- 자신의 이름에 의미를 부여해 보기
- 자신의 감정을 인식하고 표현하기
- 거울 앞에서 자신을 관찰하며 감정 표현하기

"넌 누구니?"라는 질문에 스스로 대답해 보게 하는 것이 정체성 발달의 시작이다. '내가 무엇을 잘하고, 무엇을 좋아하며, 어떤 방식으로 세상과 연결되고 싶은가?'를 탐색하는 경험은 자기 결정(Self-determination)의 기초가 된다.

감정에 민감한 시기에 요구되는 대표적인 양육법이 바로 감정 코칭(Emotional Coaching)이다. 이 개념은 부부 및 가족 치료 분야의 세계적 권위자 존 가트맨 박사(Dr. John Gottman)가 아내 줄리 가트맨 박사(Dr. Julie Gottman)와 함께 개발한 자녀 감정 지도법에서 제시했다.

이 양육 방식의 핵심은 **아이의 감정을 억누르거나 부정하지 않고, 있는 그대로 인정하고 공감하며, 그 감정을 건강하게 표현하고 조절할 수 있도록 돕는 데 있다.**

감정 코칭을 통해 아이는 자기 인식 능력(자신의 감정을 알아차리는 능력)과 감정 조절 능력을 기르게 되며, 부모와의 애착 관계도 한층 깊어진다. 이는 이후 친구나 교사 등과의 사회적 관계에서도 안정감을 갖는 데 도움을 준다. 또한 아이가 문제 상황에 직면했을 때, 스스로 감정을 조절하며 건강한 방식으로 대처하는 전략을 터득해 갈 수 있다.

가트맨 박사는 정서 지능(EQ)이 인간관계, 학업 성취, 그리고 전반적인 삶의 만족도에 지대한 영향을 미친다고 강조한다.

부모로서의 자기 인식도 필요하다

'부모'라는 이름을 얻게 된 순간, 우리는 마치 아이를 잘 키우는 법을 이미 다 알고 있어야만 할 것 같은 부담감에 사로잡히곤 한다. 그러나 앞서 얘기했듯 아이의 성장에 따라 소통 방식을 배우며, 부모 역시 함께 성장해 가는 중이다. 잘 소통하는 부모는 다음과 같은 특징을 보인다.

- 감정 표현이 풍부하고 명료하다.
- 갈등 상황에서 감정을 즉시 표출하지 않고, 논리적이고 구체적으로 대응한다.
- 문제 상황을 '해결해야 할 위기'가 아니라, '함께 성장할 기회'로 여긴다.
- 부모도 배우자, 아이, 주변 사람들과의 관계 속에서 상호 피드백을 통해 성장하고 있다는 것을 인식한다.

가족 내 피드백 루프(Feedback Loop) 만들기

부모와 자녀, 배우자 사이에서 이루어지는 건강한 소통은 가족 시스템 전반에 긍정적인 피드백 루프를 형성한다. 피드백 루프 개념은 심리학자 찰스 S. 카버(Charles S. Carver)와 마이클 F. 샤이어(Michael F. Scheier)가 〈제어이론 연구(Control Theory)〉에서 인간 행동을 사이버네틱스(Cybernetics) 관점으로 설명하면서 체계적으로 다뤘다. 이들의 핵심 주장은, 인간은 목표 지향적(Goal-directed)이며, 행동은 피드백 루프를 통해 지속적으로 모니터링되고 조정된다는 것이다.

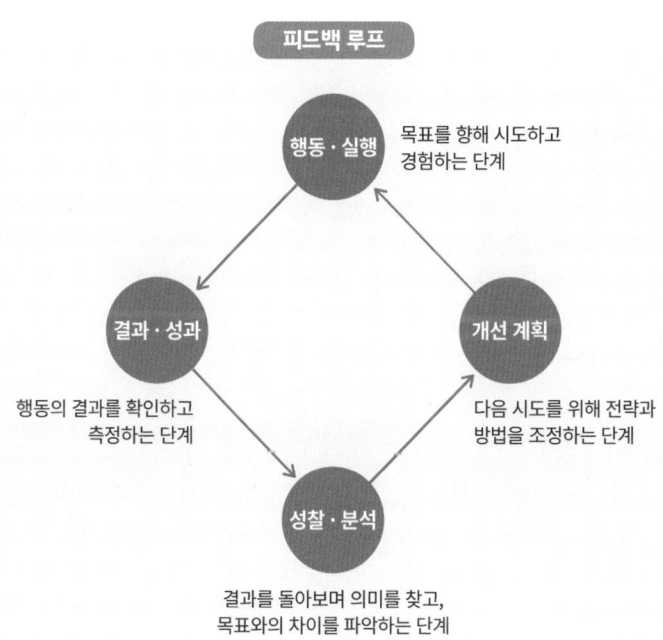

다시 말해, 피드백 루프란 어떤 행동이나 시스템이 만들어 낸 결과가 다시 그 시스템에 입력되어, 향후의 의사 결정 → 행동 → 결과를 변화시키는 순환적 메커니즘을 말한다. 이 과정에서 인간은 현재 상태를 목표 상태와 비교하고, 차이를 줄이기 위해 행동을 수정해 나간다.

가족 내 피드백 루프는 서로에 대한 존중과 공감이 순환되는 구조로, 가족 구성원 모두가 심리적으로 안전하고 신뢰받는 존재로 여겨지는 정서적 환경을 만들어 준다. 특히 청소년기의 아이는 독립된 인격체로 존중받는 경험을 통해 자기 목소리를 낼 수 있게 되며, 자율성과 책임감도 함께 자라난다.

9. 주도성은 유아기부터 발달

주도성은 유아기부터 발달하기 시작한다. 주도성 발달은 아이의 문제 해결 능력과도 밀접한 관련이 있다. 주도성이란 단순히 '스스로 하는 것'을 넘어, '목표를 스스로 설정하고, 그 목표를 이루기 위한 작은 과정 하나하나를 자율적으로 선택하고 실행해 나가는 힘'을 말한다.

유아든 어른이든 우리 모두는 각자의 가치관 안에서 자율성과 창의성을 키우며 살아간다. 이 자율성이 곧 주도성의 뿌리가 된다. '무엇을 할까'를 스스로 정하는 것이 자율성이라면, '어떻게 할까'를 고민하고 실행하는 것이 주도성이다. 이 두 가지는 분리된 능력이 아니라, 서로를 강화하며

주도성 발달

주도성: 상황을 스스로 이해하고 그에 맞춰 행동하는 능력

자율성: 스스로 선택하고 결정하는 능력

주도성 발달은 자율성과 창조성을 통해 성공과 실패를 경험하며 형성된다.

유아의 주도성 발달이 촉진되면 자기 가치감도 올라간다.

자기 결정의 기초를 이룬다.

결과보다 과정을 인정하고 칭찬하는 것이 중요한 이유는, 아이와 어른 모두가 자신의 주도성을 통해 성장하고 있어서다.

주도성은 결과보다 과정에 대한 인정을 통해 강화된다. 예를 들어, 아이가 퍼즐 맞추기를 하다가 실패했더라도 시도한 여러 노력들을 칭찬해 주는 것이다.

"끝까지 해 보려고 애썼구나."

"조금 어려웠지만 스스로 하려고 했네. 대단해."

이러한 칭찬은 아이에게 '내가 선택하고 행동한 과정 자체가 가치 있다'라는 메시지를 준다. 이는 단순한 성취감이 아닌, 자기 가치감(Self-worth)을 형성하는 핵심이 된다.

자기 가치감은 자신이 '존재 자체로 가치 있는 사람'이라고 느끼는 감정과 믿음을 의미한다. 즉, 나는 '내 모습 이대로 소중하고 존중받을 만한 사람이다'라는 내면의 확신을 가지는 것이다. 자존감(Self-esteem)의 개념을 '존재의 가치에 대한 내면적 확신'이라고 일찍이 정립한 심리학자 나다니엘 브랜든(Nathaniel Branden)은 자기 가치감에 대해 이렇게 정의했다.

"자기 가치감이란, 성취나 타인의 인정과는 무관하게, 한 인간으로서 자신이 지닌 고유한 가치를 느끼는 감각이다.(A person's self-worth is the sense of one's own value as a human being, regardless of achievements or approval from others.)"

이러한 자기 가치감을 기반으로 동기 부여가 강해지고, 지속 가능한 성장을 경험하면서 우리는 자신이 가치 있는 존재임을 더욱 느끼게 된다. 자기 가치감을 유아기에 충분히 시도하고 탐색하지 못하면, 스스로 행동하는 것에 대한 두려움과 죄책감을 가질 수 있다고 학자들은 지적한다. 자유로운 선택 속에서 인간은 자신의 가치를 느끼기 때문이다.

> ✓ **셀프 체크**
>
> 오늘 또는 이번 주에, 나는 내 아이 혹은 나 자신에게 어떤 구체적인 칭찬을 해 주었는지, 적어 보자.

🌱 성찰과 고백

'괜찮은 엄마'라는 말, 정말 아이를 위한 걸까?

- 엄마의 '인정'이 필요했던 아이, '인정'받고 싶었던 엄마 -

우리 집 막내인 딸은 해맑고 밝은 성격을 가진 아이다. 하지만 동시에 '오빠 따라 하기 대장'이기도 하다. 어제도 퇴근 후 아이들 숙제를 돌봐주었다. 오빠 숙제를 마친 뒤, 딸의 차례가 되었다.

그날의 숙제는 '한국을 방문한 친구에게 한국의 장점을 소개하는 글쓰기' 였다. 주제 문장, 핵심 내용 정리, 결론까지 이끌어 내야 하는 글이었기에, 아직 글쓰기에 익숙하지 않은 딸에게는 꽤 어려운 과제였을 것이다.

나는 과제 설명을 마친 후, 나도 모르게 내 안의 에고(Ego)를 담아 이렇게 물었다.

"무슨 말인지 알겠지?"

딸은 끄덕이며 "응!"하고 대답했다.

그러나 생각해 보면, 딸은 이해해서 끄덕인 것이 아니라, 그렇게 하지 않으면 안 될 것 같아서 눈치껏 고개를 끄덕인 것이다.

나는 알고 있었다. 딸이 이해하지 못했다는 것을. "토픽이 뭐지?", "핵심 문장은 뭘까?" 딸아이의 혼란스러워하는 눈빛도 분명히 보았다.

그럼에도 나는 인정하고 싶지 않았다.

"이제는 알아야지."

"이 정도는 할 수 있어야지."

이 생각들은 사실 딸을 향한 다그침이 아니라, 나 자신에게 쏟는 무언의

압박이었다.
'괜찮은 엄마'라는 정체성을 놓치고 싶지 않았던 나는, 아이를 몰아붙이며 스스로를 증명하려 했다.

그 순간, 정신이 번쩍 들었다.
"나는 지금 누구에게 인정받고 싶어서 이렇게 모질게 굴고 있지? 이게 정말 아이를 위한 것인가? 아니면, 나 자신이 '괜찮은 엄마'라는 걸 확인받고 싶어서인가?"
딸은 혹시, 나의 인정을 받고 싶어서 '응'이라고 했던 건 아닐까?
왜 나는 조금 더 쉽고 친절하게 설명해 줄 수 없었을까.
자책이 밀려왔다.

30분쯤 뒤, 딸아이가 "엄마, 나 숙제 다 했어"라며 다가왔다.
나는 "우리 공주, 잘했어. 내일 엄마가 확인해 볼게"라고 말하며 마음을 가라앉혔다.
그 말 안에는 성과에 대한 평가가 아니라, '존재에 대한 인정'을 담았다.
딸은 단지 숙제를 끝낸 것이 아니라, 엄마의 마음을 향해 다가오는 과정을 마무리한 것이다.
아이가 진정으로 원했던 것은 그저 엄마의 인정, 단 한 마디였을 것이다.
딸의 '응'은 과제를 이해한다는 표현이 아니었다.
그것은 엄마와의 관계를 지키기 위한, 아이가 선택한 생존 전략이었다.

아이가 원하는 인정은 '존재에 대한 인정'이다

모든 아이는 칭찬을 받고 싶어한다. 물질적인 보상보다 더 중요한 것은 감정적 공감, 따뜻한 인정이다.
"엄마가 너를 바라보고 있어."
"엄마가 널 이해하고 있어."
아이들이 진정으로 바라는 메시지는 바로 이런 것들이다. 아이들은 자신의 존재(Being) 자체에 대해 인정받고 싶어하고, 자신이 한 행동 하나하나가 의미 있는 일임을 느끼고 싶어한다. 그것이 아이의 마음을 열고, 자존감을 싹트게 만든다.

대부분의 아이들은 자라면서 "잘했어!" 보다도 "그건 아니야", "엄마처럼 해 봐"라는 말을 더 많이 듣는다. 이러한 피드백은 의도치 않게 아이에게 타인의 기대를 기준으로 삼는 법을 가르치게 된다.
'부모처럼 해야 맞는 것이다.'
'부모에게 인정받으면 그 행동은 옳다.'
결국 부모의 피드백은 아이의 옳고 그름을 판단하는 내면의 기준이 된다. 하지만 이런 기준은 자기 존재의 내적 확신이 아니라, 외부의 평가에 의존하는 자아를 형성하게 할 수 있다.
유아기와 아동기에는 특히 자율성과 주도성, 효능감을 스스로 느끼도록 격려하는 것이 중요하다. 만약 이 시기에 부정적 피드백이 반복되면 수치심과 열등감으로 이어질 수 있다. 이와 반대로 부모가 아이의 감정에 민감하게 반응하고 수용적인 태도를 보일 때, 아이는 사회와 자신에 대한 기본적인 신뢰를 형성하게 된다.

🌱 성찰과 고백

성과가 아닌 존재로: 아이를 다시 바라보다!

아이가 태어났던 순간을 돌아보면, 대다수 부모는 "고맙습니다, 건강하게 태어나게 해 주어서~~"라고 말할 것이다.
나 역시 그랬다. 둘째는 26주 만에 세상에 나온 이른둥이였다. 몸무게는 1kg도 채 되지 않았다. 여러 번의 심폐소생술을 견디며 생명의 끈을 붙잡고자 애쓴 작은 존재!
그 당시 나는 매일같이 감사했다.
"살아줘서 고마워!"
"버텨줘서 고마워!"
그토록 간절히 살아 있음만을 기뻐했던 내가, 지금은 그 아이를 '더 잘하게' 하려고 다그치고 있다는 사실에 마음이 아렸다.

아이에게 가해진 '기대'라는 무게
"사람은 고난을 통해 성장한다"고 말한다. 그러나 우리는 그 고난의 의미를 너무 쉽게 잊는다. 살아 있다는 것만으로도 충분히 기특했던 아이에게, 나는 어느샌가 더 잘해야 하고, 더 빨리 이해해야 하며, 더 완벽해야 한다는 '기대의 무게'를 씌우고 있었다.

> 앞만 보려는 나의 시선이,
> 나의 불안에서 비롯된 조급함이,
> 아이에게는 커다란 짐이 되고 있었던 것이다.
>
> **사랑은 '있는 그대로의 너'를 마주하는 일**
> 처음 우리는 살아준 것만으로 감사했던 '존재'를 품었다.
> 그러나 시간이 흐르고, 사회적 기준과 비교의 시선이 개입되면서,
> 감사는 점점 기대로, 기대는 어느새 부담으로 변해가곤 한다.
> 우리는 다시 물어야 한다.
> "나는 지금 이 아이의 '존재'를 사랑하고 있는가?"
> "아니면 아이의 '성과'를 사랑하고 있는가?"

유아기 주도성 발달, 어떻게 도울까?

유아기는 주도성 발달의 출발점이다. 이 시기의 아이는 스스로 표현하고, 스스로 놀이나 행동을 선택하려고 한다. 이럴 때, 부모가 해 줄 수 있는 가장 중요한 역할은 **아이 스스로 놀이를 선택하고, 실수하더라도 그 경험을 통해 배우도록 격려하는 것**이다.

아이에게 선택권을 주고, 스스로 결정한 일에 책임을 지는 기회를 주며, 문제가 생기면 부모가 대신 해결해 주기보다는 **해결의 기회를 함께 찾아주는 태도**가 필요하다. 이러한 과정 속에서 긍정적인 피드백을 하면 아

이는 실패를 두려워하지 않고, 오히려 실패 안에서 배우며 자기 효능감과 자존감을 키워간다.

"어른이 해 줄게", "어른처럼 따라 해 봐"라는 방식보다는, 아이가 스스로 생각하고 다양한 관점에서 지금 발생한 상황을 바라보고 해결하는 시각을 기르는 것이 필요하다. 유아기에서 경험이 쌓이면 아동기의 주도성 발달은 더 강화된다.

유아기 교육 활동과 주도성

유아기에는 다양한 경험을 통해 감각을 자극하고 사고를 확장하는 시기다. 음악, 미술, 요리, 수학, 과학 등의 수업들은 단순한 지식 습득을 넘어 표현력과 사고력, 감각적 경험을 통한 주도성 기르기 활동이다.

예를 들어:
- 미술 시간에 그림을 그렸다면, 그림의 의미를 말로 표현해 보게 한다.
- 요리 수업에서는 재료를 직접 만지고 먹는 경험을 그림이나 말로 재구성하게 해 본다.
- 수학, 과학 수업에서는 관련 주제를 다루면서 일어나는 현상을 경험하고, 그 이해를 자신의 방식으로 설명하도록 한다.

이러한 활동을 통해 아이는 자신만의 관찰, 판단, 표현 방식을 찾게 된다. 여기에 부모가 커리큘럼의 목적을 이해하고 함께 참여한다면 주도성 발달에 큰 도움이 됨은 물론이다.

부모의 성숙이 아이의 주도성을 이끈다

특히 '사회성'이나 '인성 교육' 같은 활동은 아이뿐 아니라, 부모의 인지적 성숙이 함께 요구된다. 부모가 성장하고 변화할수록 아이는 더욱 자유롭게 탐색하고 시도할 수 있는 용기를 얻게 된다. 그 결과 성취감과 자신감이 자연스럽게 자라난다.

주도성과 자율성을 충분히 경험한 아이는 자신의 가치와 역량을 믿게 되고, 부모가 그려 주는 미래가 아닌, 스스로 자신의 미래를 그려가는 아이로 커 간다. 그런 아이는 한 걸음 한 걸음씩 나아갈 수 있는 내면의 힘을 다지게 된다.

10. 내적 통제감 형성

'내적 통제감(Internal Locus of Control)'이란 자기 자신을 스스로 통제하고 조절하는 능력을 의미한다. 이는 단순한 자제력이 아니라, 자기 **내부의 기준에 따라 행동을 선택하고 책임지는 힘**이다. 이 내적 통제감은 유아의 **자기 가치감**과도 깊은 연관이 있다. 자기 가치감이 높은 유아는 자신의 행동과 선택에 대해 책임을 지려는 태도를 보이며, 이는 자율성과 자기 조절 능력의 발달로 이어진다.

유아마다 가정에서 허용되는 원칙의 범위가 다르다. 혼자 '나'만을 중심으로 성장하던 아이는 또래를 만나면서 '함께'의 개념을 배운다. 이 과정에서 아이는 **공동의 규칙을 지키는 경험**을 하게 되며, 그 속에서 외부의 통제를 단순히 따르는 것을 넘어, 스스로 내면의 기준을 형성하고 조절하는 능력을 키운다. 즉, 다른 사람의 입장을 고려하고, 정해진 규칙을 이해하고 따르며, 스스로 자신의 행동을 평가하고 조정하는 경험은 모두 내적 통제감 형성의 중요한 기반이 된다. '자신의 노력과 선택이 결과를 만든다'라는 믿음도 생긴다.

이때, 아이에게 가장 필요한 것은 스스로 자신의 행동을 돌아보고, 잘못을 깨달을 수 있는 기회다. 통제를 할 경우에도 단순히 '안 돼'라고 제지하는 것이 아니라, 아이 스스로 '이건 왜 잘못되었을까?'를 생각해 보게 하는 시간이 필요하다. 이러한 경험을 통해 아이는 점차 외부의 통제가 아닌 자신의 내적 기준에 따라 행동을 조절할 수 있게 된다.

하지만, **과도한 금지와 통제는 유아가 자기 주도적 능력을 키울 기회를 빼앗게 된다.** 자신의 행동이 항상 외부의 통제 하에 있다고 느끼게 되면, 아이는 점점 자율성과는 멀어지게 된다. 결과적으로 부모의 금지 행위에 의존하게 되고, 자기 결정에 대한 신뢰감을 잃게 될 수도 있다. 이는 부정적인 자아 이미지 형성으로 이어지며, 대인 관계에서는 자신감과 자아

내적 통제감 형성

1. 내적 통제감이란?
- 내적 통제감은 '자신의 행동과 결과에 대해 스스로 책임진다'는 믿음을 의미한다.
- 이는 자기 가치감에 기반하여 책임감, 자기 조절 능력을 점차 발달시키는 과정과 밀접하게 연결된다.

2. 자기 가치감과 책임감의 연결
- 자기 가치감이 높은 유아는 자신의 행동과 선택에 대한 책임을 기꺼이 받아들이려는 태도를 가진다.

3. 호기심과 흥미의 발달
- 호기심과 흥미는 새로운 지식과 경험을 탐구하고 학습하려는 동기를 부여한다.

4. 부모의 규율과 자기 통제감 형성
- 부모의 '안 돼', '기다려'와 같은 적절한 제한과 규율은 유아가 충동을 조절하고 자기 통제력을 기르는 데 도움이 된다.

존중감까지 떨어뜨릴 수 있다.

자기 가치감과 부모의 통제
자기 가치감은 유아가 '나는 소중한 존재야', '나는 할 수 있어'라는 감정을 느낄 때 자라난다. 이러한 감정은 아이가 존중받고 있다는 느낌, 자율적인 선택이 허용되는 경험을 통해 깊이 뿌리내린다. 그런데 부모가 반복적으로 금지하고 통제하는 방식으로 아이를 대하게 되면, 아이는 '나는 항상 잘못하고 있는 존재', '나는 부족해'라는 느낌을 갖기 쉽다. 이러한 감정은 결국 자기 가치감을 해친다. 자칫 스스로를 신뢰하지 못하는 아이로 성장할 수 있는 것이다.

따라서 부모는 아이의 선택과 표현을 가능한 한 존중해 주고, 실수하더라도 그것이 학습의 기회가 될 수 있도록 '경험의 여지'로 받아들이는 태도가 필요하다. 아이는 자신의 선택이 존중받고 있다고 느낄 때, 내면의 힘이 생기고 긍정적인 사고방식을 가지게 됨은 물론이다.

우리 아이는 나를 닮는다
0세부터 6세 사이의 아이들은 부모의 말과 행동을 그대로 따라 한다. **부모의 말투, 감정 표현 방식, 갈등 해결 태도까지 아이는 거울처럼 반사하고 흡수한다.** 부모가 무심코 내뱉는 말 한마디, 한숨, 짜증조차도 아이에겐 감정의 교과서가 된다.

"우리 아이가 왜 저런 말투로 이야기할까?"

"왜 저런 단어를 사용할까?"

이런 질문이 머릿속에 떠오른다면, 한 번쯤 멈추어 자신을 돌아봐야 한다.

"아! 그건 다름 아닌 바로 나구나!"

"아, 우리 집 어른이구나!"

하지만, 대다수 부모들은 아이의 행동에서 자신의 결점을 보지 않으려 한다. "저런 말투는 누구를 닮은거야", "미디어 매체에서 배운 걸 거야"라고 애써 고개를 갸웃한다. 인간은 누구나 스스로의 단점은 '인정'하려 들지 않는 존재이기 때문이다.

자기방어 심리는 때때로 진실을 가리고, 변화의 기회를 놓치게 만든다. 하지만 우리는 반드시 기억해야 한다. 아이의 거울은 부모이고, 아이는 부모의 거울이다. 이 사실을 받아들일 때, 부모는 스스로를 돌아보고 변화하려는 용기를 가질 수 있으며, 그러한 자기 성찰은 아이에게 고스란히 전달된다. **부모의 변화는 곧 아이의 성장**이다.

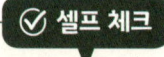

나를 돌아보는 오늘의 질문 10

하루가 끝날 무렵, 조용히 자신에게 물어보자.
다음 질문들은 아이와의 관계를 비추는 성찰의 거울이며,
'부모 스스로 코칭'의 출발점이 된다.

1. 오늘 아이에게 건넨 첫 마디는 무엇이었나?

2. 오늘 아이에게 건넨 긍정적인 말 한마디는?

3. 오늘 아이를 혼낸 순간이 있었는가?

- 왜 혼냈는가?
- '하나의 사안'에 집중했는가?

4. 오늘 아이의 기분은 어땠을까? 나는 그것을 알아차렸는가?

5. 오늘 아이를 '인정'해 준 말이나 행동은 무엇이었는가?

6. 내가 자주 쓰는 말투 중 바꾸고 싶은 것은?

7. 내가 기분 좋을 때와 나쁠 때 자주 사용하는 말이 있을까?

8. 아이가 나와 단둘이 있을 때 자주 하는 말은?

9. 내가 아이에게 반복적으로 묻는 질문은 무엇인가?

10. 지금 이 순간, 나와 아이의 관계를 한 단어로 표현한다면?

이런 질문들은 단순한 체크리스트가 아니다. 매일 하루를 마감하며 아이와의 관계를 성찰하는 거울이다. 불완전한 나 자신을 받아들이는 연습이며, '지금 이 순간' 아이와 나의 관계에 조금 더 의식적으로 다가가는 시간이다.

엄마는 바쁘다.
일과 집안일, 자녀 교육, 감정 조절까지 모두 감당해야 한다.
하지만 바쁠수록 자기 전 10~20분, '나만의 명상 시간'을 가지자.
그 시간은 나 자신을 위해서도, 또 아이와 나의 관계를 위해서도 가장 깊고 소중한 회복의 시간이 될 것이다.
명상이라 해서 거창할 필요는 없다.
그저 오늘의 질문 하나를 마음에 품고, 조용히 스스로와 대화를 나누는 것으로 충분하다.
부모로서의 삶도 중요하지만, '나'라는 존재 또한 귀중하다.
아이와 나, 모두의 성장을 위한 이 여정은 결국 나 자신을 사랑하는 일에서 시작된다.
역설적이게도 아이를 키우는 일은 나 자신을 다시 성장시키는 일이다.
존재란 끊임없이 자신을 확장하려는 방향으로 움직인다.
아이와 함께하는 일상도 나의 존재를 더욱 새롭게 확장해 가는 과정이다.

자기 통제감과 규칙 지키기

'규칙 지키기'는 그 자체로 중요한 자기 조절 훈련(Self-regulation Training)이다. 자기 조절 훈련이란 '내가 원하는 목표를 향해, 스스로 조율해 가는 힘'을 키우는 과정으로, '생각 → 감정 → 행동을 계획 → 실행 → 평가의 흐름' 속에서 스스로 관리하는 능력을 기르는 것이다.

그러나 이 규칙이 강요되거나 일방적으로 전달되면, 아이는 규칙을 내면화하기보다 오히려 외면하게 될 수 있다. 따라서 **부모는 '감시자'가 아닌, 규칙을 함께 실천하는 '협력자'로서의 태도를 가져야 한다.**

아이들은 부모의 말을 듣기보다, 부모의 행동을 모방한다.

"나는 바담풍(風) 해도 너는 바람풍 해야 한다"는 식의 이중적 태도는 규칙 지키기의 의미를 흐린다. 아이는 부모의 일관성 있는 행동을 통해 규칙의 의미와 가치를 이해하고 수용하기 때문이다.

코칭 관점에서 보면, 규칙은 '문제 해결'의 도구가 아니라, '관계 맺기'의 방법이다. 규칙은 나와 타인의 '다름'을 인정하고, 함께 살아가기 위한 공존의 기술이다.

부모와 아이는 서로 다른 세대이지만, 공동의 규칙을 통해 협력자 관계가 될 수 있다. 예를 들어, '식사 시간에 핸드폰 사용하지 않기'라는 규칙은 단순한 통제가 아니라, **'서로의 존재에 집중하는 시간 만들기'라는 가치 지향의 행위**가 될 수 있다.

이처럼 규칙이 통제가 아닌 자기 조절 방식이 되기 위해서는 아이에게 규칙을 설명하고, 지키지 못했을 때 그 의미를 함께 성찰하는 과정이 필요하다.

📝 예시 상황

아이와 함께 생각하고 해결하기

예를 들어, 아이 1과 아이 2가 다투는 상황이 생겼다고 가정해 보자. 어떻게 해결해야 할까?

아이들 갈등 해결을 위한 두 단계

과정 1: 개별적으로 이야기 들어주기

아이 1과 2의 이야기를 각각 따로 들어 본다. 이때 유도 질문이 아닌, 아이가 스스로 상황을 판단하고 표현할 수 있도록 이끈다.

절대 금지해야 할 질문 예시:

"~~했지?", "~~이랬지?", "~~그랬잖아."

→ 아이는 '예'라고 답하도록 몰리게 된다.

열린 질문 예시:
다음과 같이 물어보면, 아이는 마음을 열고 말하기 시작할 것이다.

- 어떤 일이 있었어?
- 그래서 어떻게 행동하고 말을 했어?
- 여기서 어떤 문제가 있었을까?
- 어떻게 해결할 수 있을까?

과정 2: 함께 해결하기 - 라포(Rapport) 형성

다음은 부모 또는 교사가 중재자가 되어 함께 해결책을 찾는 단계이다. 이때 중요한 것은 '리포 형성', 즉 신뢰를 바탕으로 한 연결감이다. 이 연결감을 통해 서로에 대한 신뢰가 생긴다. 이를 위해서는 부모나 교사가 편안하게 이야기를 나누며, 문제 해결을 할 수 있는 상대라는 확신을 줘야 한다.

라포(Rapport)는 '다리를 놓다'라는 뜻의 프랑스어로 서로의 감정과 생각 또는 경험을 이해하고 '마음의 다리를 놓는 관계'를 말한다.

라포 형성을 위해 필요한 요소 중 하나가 경청과 반응이다. 적절한 눈 마주침과 바디 랭귀지도 필요하다. 내용 속에서 서로 공유할 수 있는 공통점을 찾는 것도 중요 요소 가운데 하나이다.

라포 형성이 되면 아이는 더 마음을 열고 자유롭게 생각을 표현하기 시작한다. 라포 형성은 소통의 기본이며, 긍정적인 관계로 발전시키는 출발점이다.

라포 형성을 위한 요소

- 눈 맞춤 : 아이가 존중받고 있음을 느끼게 한다.
- 따뜻한 반응 : 아이의 감정을 인정하는 태도이다.
- 공감적 경청 : 아이의 감정을 함께 느끼며 듣는다.
- 바디 랭귀지 : 고개 끄덕임, 미소, 편안한 자세 등.
- 공통점 찾기 : 아이들과 공유할 수 있는 관심사나 생각을 연결한다.

둘이 다투었을 때, 아이 1과 아이2의 해결책을 따로따로 받아보는 것도 중요하다. 이때, 염두에 둬야 할 것은 아이들이 제안하는 해결책은 정답일 필요가 없다는 것이다.

보다 소중한 것은 **아이 스스로 생각하고 선택하고 표현하는 경험을 통해 내적 통제감과 자기 효능감을 기른다**는 점이다.

제 2 장

아동기,
삶의 방향을 세우는 전환기

아동기는 인생에서 가장 결정적인 성장기이고 전환기이다.

대체로 6세에서 13세에 이르는 이 시기는, 유아기의 기초 위에 삶의 구조를 세워가는 시기로, 초등학교 교육과 또래 관계를 통해 정체성, 자율성, 사회성, 학습 능력이 본격적으로 발달하기 시작한다.

이 시기의 아이들은 점차 자신과 타인을 구분하고, 집단의 규칙과 질서를 배우며, 실패와 성취를 반복하는 과정에서 자기 개념과 자존감의 뿌리를 내려간다. 정서적으로는 보호자 중심에서 벗어나 또래와 교사와의 관계로 확장되며, 점차 내적 통제감을 형성하게 된다.

무엇보다 아동기는 "나는 어떤 사람인가?", "나는 무엇을 할 수 있는가?"라는 질문에 대해 스스로 답을 찾아가기 시작하는 시점이다.

어른이 되어서도 우리는 종종 아동기의 '느낌'을 다시 떠올린다. 누군가의 칭찬 한마디, 해냈던 작은 성취나 반복된 좌절의 기억들이 여전히 마음 깊은 곳에서 영향을 미치고 있다. 이 시기의 경험은 자기 효능감, 학습 동기, 그리고 대인관계의 정서적 기초 형성에 기반이 된다.

아동기는 가능성과 정체성이 교차하는 시기이기도 하다. 이 시기의 부모와 교사의 말, 기대, 지지의 태도는 아이의 내면에 "나는 해낼 수 있어", "나는 소중한 존재야"라는 신념을 심어 준다. 반대로 반복되는 통제, 비교, 부정적인 메시지는 아이 스스로 자신의 가능성에 한계를 그어버리는 내면의 목소리로 각인되기도 한다.

1. 자아 개념과 자존감이 쑥쑥 자라는 시기

이 시기는 말 그대로 **전환기**이다. 인지, 정서, 사회성, 신체, 도덕성 등 전 영역에서 급격한 성장이 일어나고, 그중에서도 **근면성의 발달과 사회적 관계 형성이 굉장히 중요해지는 때**이다. 이 시기의 특징은 대체로 다음과 같이 요약할 수 있다.

영역별 발달: 인성, 사회성, 소통, 신체

인지적 성장
추상적 사고, 문제 해결 능력 등이 본격적으로 발달

근면성 발달
성취 경험이 누적되면서, 학업 성취와 미래의 성공에 긍정적 영향

사회적 관계 형성
또래와의 관계 형성이 중요하며, 협동과 경쟁을 동시에 경험

성(性)역할 이해
성에 대한 지식과 정체성 인식이 확대되는 시기

공격성 및 도덕성
감정 조절 및 윤리적 판단 능력이 발달하는 시기

사춘기 진입 준비
정서적으로 예민하고, 변화에 민감해지는 시기

가장 눈여겨 봐야 할 부분은 **자아 성장**이다.
아동기에는 특히 자아 개념(Self-concept)과 자존감(Self-esteem)이 본

격적으로 형성된다. 자아 개념은 스스로 '자신에 대해 어떻게 인식하고 정의하는가'이다. '나는 누구인가?'라는 질문에 대한 자기 이해라고 할 수 있다. 자아 개념은 스스로 자신의 능력, 성격, 역할, 관계 등 다양한 측면을 종합적으로 해석하며 형성된다.

한편, 자존감은 자아 개념에 대한 감정적 평가라고 할 수 있다. '나는 내 자신을 어떻게 느끼는가?'이다. 자존감은 스스로에 대한 수용 정도와 자기 가치감을 포함하고 있다.

즉, 자아 개념이 '내가 누구인지'에 대한 생각과 이해라면, 자존감은 그 내용을 바라보는 감정의 색채라고 할 수 있다. 자아 개념은 자기 인식과 성찰의 기반이 되고, 자존감은 그 인식이 심리적 안정감, 동기 형성, 그리고 대인 관계에 어떤 영향을 주는지를 보여 주는 정서적 지표가 된다.

이 시기의 아이들은 자신이 **'할 수 있는 존재'**, **'가치 있는 존재'**라는 느낌을 통해 건강한 자아를 만들어 간다. 이 과정 속에서 실패나 실수를 반복하며 열등감을 갖게 되는 아이가 있는가 하면, 같은 실수나 실패를 배움의 기회로 받아들이는 아이가 있다. 특히 부모나 또래로부터 받는 무시와 비난은 아이의 자존감에 오래도록 큰 상처를 남긴다.

그렇다면 실패에 대해 긍정적인 시각은 어떻게 길러질까? 바로 부모의 피드백 방식에서 비롯된다. 가르침이 중요한 시기이다. 잘못된 답안을 말하더라도 스스로 다시 탐색할 수 있는 힘을 키워 줘야 한다.

"우리 다시 해 볼까?"

"더 좋은 방법을 찾아볼까?"

"함께 고민해 볼까?"

이런 말들은 아이로 하여금 스스로 다시 시도해 보게 하고, 문제를 해결할 수 있는 길을 열어 준다.

실패를 어떻게 바라볼 것인가?

실패에 대한 긍정적 시각	무시와 비난, 자존감에 남기는 상처
1. 실패는 배움의 기회 · 실패는 성장의 자연스러운 일부이다. · 실패는 '반복하지 말아야 할 실수'가 아니라, 배움을 위한 기회로 인식하는 태도가 중요하다. **2. 성장은 실패를 통해 깊어진다.** · 실패는 기존의 사고방식이나 전략을 재정비하고 더 나은 방향으로 나아가기 위한 계기가 된다. · 더 깊이 있는 학습과 자기 이해로 이어진다.	**1. 열등감으로의 전환** · "왜 그랬어?", "그게 뭐야?" 등의 비난조의 말은 스스로를 '실패한 존재'로 인식하게 한다. · 자기 확신을 약화시키고, 도전보다는 회피와 위축의 반응을 강화시킨다. **2. 자아 존중감의 하락** · "나는 항상 혼나", "나는 잘 못 해"와 같은 내면의 부정적 신념이 강화되어, 도전과 학습의 기회를 스스로 차단할 수 있다.

실패를 수습하는 과정에서 중요한 건 **'비난'**과 **'비판'**의 차이를 잘 헤아리는 것이다.

"왜 그랬어?"

이 짧은 말이 비난의 시작일 수 있다는 사실을 기억하자. 비판은 개선을 위한 피드백이지만, 비난은 인격을 겨냥한 공격이다. 부모가 비난을 비판으로 착각할 때, 아이는 자아 존중감을 잃고 '나는 문제 있는 존재'라고 느끼게 되기 쉽다.

특히 초등 고학년 시기부터는 실패를 받아들이는 태도가 자아 형성에 결정적인 영향을 미칠 수 있다. 이 시기에 형성된 자아는 이후 청소년기, 성인기의 도전 의식과 문제 해결 능력으로 이어지기 때문에 더욱 세심하게 관심을 쏟아야 한다.

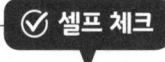

- 오늘 내가 아이에게 한 **비판**이나 **비난**의 말을 떠올려 보자.
- 스스로 인식이 어려울 땐, 배우자나 가까운 사람에게 물어보는 것도 한 방법이다.
- **자아 인식의 기본은, 내가 한 말을 스스로 기억하고 돌아보는 데서 시작된다.**

2. 자신을 먼저 돌아보는 부모

아동기에는 **타인의 입장을 생각하는 능력인 공감 능력, 상황 판단력**이 자라난다. 인성 발달은 더욱 심화된다. 아이는 다양한 사회적 관계와 또래 집단 속에서 '함께 살아가는 법'을 경험하고, 자율성과 책임감의 균형을 배워나간다.

이 중요한 시기에 내 아이의 인성 발달을 위해 부모가 어떤 행동을 하고, 어떤 말을 하고 피드백을 주고 있는지 생각해 볼 필요가 있다. 엄마들과 수많은 상담을 한다. 엄마들의 고민은 각양각색이다.

"우리 아이는 음식을 너무 가려 먹어요."

"감정 기복이 심하고, 매우 예민해요."

"우리 아이는 늦게 자요."

"말보다 행동이 앞서요."

"우리 아이는 이런 말을 자주 해요."

부모님들과 코칭을 하며 느끼는 공통점이 있다. 깊이 얘기를 나누다 보면 **아이의 모습은 종종 부모의 모습**으로 비춰지는 것이다. 부모의 말과 행동, 감정 표현 방식이 아이에게 '반사'로 나타나는 경우가 허다하다.

한 가지를 테스트해 보자.

- 내가 생각하는 우리 아이의 특성을 노트에 써 보자.(말버릇, 감정 반응, 생활 루틴 등)
- 그리고 내가 자주 하는 말, 감정 표현, 피드백의 방식, 행동도 적어 보자.
- 마지막으로 두 항목의 일치율을 비교해 보자.

우리 아이의 특성	나의 특성	일치율 (1~10점으로 판단)

아이를 바꾸고 싶다면, 먼저 나를 바꾸자

변화는 부모로부터 시작된다. 우리 아이에게 올바른 인성을 키우고 바른 생각을 가르치기 위해선, 부모인 나부터 달라져야 한다. 이런 생각은 너무나 당연한 데도 현실에서는 가장 실천하기 어려운 일 중의 하나이다.

엄마는 바쁘다.

대부분의 엄마들은 아이를 등교시킨 후 밀린 집안일을 처리하고, 교육과 진로에 관한 정보를 찾거나 관련 모임에 참석하기도 한다. 직장맘은 시간을 쪼개어 아이와 함께 시간을 보내려고 노력하고, 집안일도 완벽하게 해내려 애쓴다. 어쩌면, 우리 엄마들은 모두 완벽주의자인지도 모른다. 맡은 일을 다 잘하고 싶은 압박감 속에 살고 있다.

"아이 교육도 잘해야 해."

"일도 놓치면 안 돼."

"집안도 깔끔해야 해."

이 모든 것을 감당하려는 무의식적 완벽주의가 엄마 자신을 지치게 하고, 종종 아이에게도 과도한 기대와 통제로 이어지게 된다.

하지만 기억하자.

잘하는 게 있으면 못하는 것도 있다. 당연하다.

못하는 것을 무리하게 고치려 애쓰기보다, 다른 방식으로 나만의 방법을 찾으면 된다.

엄마가 슈퍼우먼일 필요는 없다. 엄마가 스스로를 인정하고 수용할 때, 아이도 자신의 감정과 실수를 있는 그대로 받아들이는 태도를 닮는다.

스스로를 돌아보는 시간, **하루 10~20분의 나만의 시간은 엄마의 삶에도, 아이의 삶에도 근본적인 변화를 불러올 수 있는 내면의 정비 시간**이다.

앞에서 강조했듯이, 이런 작은 성찰이 큰 변화를 이끈다.

부모가 먼저 자신을 돌아보는 시간을 가질 때, 아이도 더 깊은 이해를 하게 되고, 올바른 성품을 가진 어린이로 성장하게 된다.

3. 다양한 능력을 나타내는 시기

아동기에는 재능, 즉 탈렌트(Talent)의 씨앗이 본격적으로 발아하는 시기이다. 이 시기에 재능을 포착할 수 있는 가장 빠르고 정확한 방법은 관찰이다. 일상 속 행동, 말투, 문제 해결 방식 등을 통해 아이는 자신의 재능을 서서히 드러낸다.

- 아이가 자주 몰입하는 활동은 무엇인가?
- 반복적으로 보이는 말투, 놀이 방식, 문제 해결 태도는?
- 어떤 과목에서 흥미를 더 자주 보이는가?

이러한 관찰을 통해 아이의 인지적·사회적 능력, 학습적 능력을 확인할 수 있다. 부모는 이 과정에서 아이의 강점을 발견하고, 적절하게 지지해 주는 역할을 해야 한다.
아동기에는 다양한 또래 및 주변 사람들, 여러 선생님들을 만나게 된다. 이들과의 관계를 보면서도 아이의 능력을 가늠할 수 있다. 아이와 만나는 사람들과의 상호 작용은 아이의 사회적 기술, 표현력, 문제 해결력 등

을 반영하는 중요한 창이기에 그렇다.

어린이의 능력은 다양한 영역과 조건에서 싹을 틔우고 자라난다. 무엇보다, **어린이는 각기 다른 능력의 스펙트럼을 지니며 자란다.** 그 능력은 성적이나 지적 수준에 국한되지 않는다. 정서적 공감력, 창의성, 신체 조절 능력, 사회적 관계 맺기 등 다양한 영역에서 아이들은 저마다의 속도로 가능성을 펼쳐 나간다. 하워드 가드너(Howard Gardner)의 다중지능이론에 따르면, 인간은 언어·논리·음악·신체·공간·대인·내성·자연 탐구 등의 다양한 지능을 가지고 태어나며, 그 조합은 사람마다 다르다고 한다.

부모는 아이가 어떤 영역에 몰입하는지, 반복적인 흥미를 보이는 분야는 무엇인지, 문제를 어떻게 해결하려 하는지 등을 관찰해 보면, 능력의 싹을 발견할 수 있다. 예를 들어, 공간 지능이 높은 아이는 블록 놀이나 퍼즐에 몰입하고, 음악 지능이 높은 아이는 박자나 음에 민감하고, 대인 지능이 뛰어난 아이는 친구와 잘 어울리고 갈등을 조율하는 능력을 보인다.

이렇듯, 자신의 **능력을 발현시키는 불쏘시개가 '자기 효능감'**이다. 자기 효능감이란 스스로 해낼 수 있다고 자신을 믿는 힘이다. 자기 믿음은 성취를 좌우한다. 즉, 능력은 있어도 자신감을 잃으면 이뤄내기 어렵지만, 능력이 다소 부족해도 자신감을 가지고 계속해나가면, 결국 알찬 결실을 얻게 된다. 이러한 자기 효능감은 **도전 과제를 완성한 경험, 부모나 교사의 격려와 인정, 노력의 성과를 함께 되돌아보는 습관** 등으로 더욱 단단해질 수 있다.

어린이의 능력과 지적 수준과의 관계는 지능 즉 IQ나 학업 성취도를 의미하지 않는다. 지능은 하나의 요소일 뿐 전부가 아니다. 오히려 정서 지능(EQ)과 회복 탄력성(Resilience), 실행 기능(Executive Function) 등이 더 중요한 요소이다. 특히 메타인지(자기 사고를 점검하고 조절하는 능력)는 학습과 성장의 핵심 능력이라고 할 수 있다. 중요한 것은, 아이가 '그 능력을 어떻게 바라보고, 얼마만큼 주변의 지지를 받고 있는가'이다.

요즘은 초등학교 5학년 즈음부터 진로가 어느 정도 정해진다고 한다. 물론 아직은 유연한 탐색기일 테지만, 아동기는 그 정도로 많은 능력을 키울 수 있는 시기이자, 배움에 매진하는 시기이다.
그런 만큼, 이 시기의 선생님, 또래, 부모의 말과 행동은, 아이의 장래에 큰 영향을 미친다고 해도 지나치지 않다.

4. 또래 집단의 힘:
부모의 역할을 보완하는 '제 2의 영향력'

아동기에는 교사나 부모만큼, 때로는 부모보다 더 큰 영향력을 미치는 집단이 바로 또래이다. 아이들은 **또래 집단에서 소속감을 느끼고, 또래를 통해 모델링(모방)**을 한다. 사회 규범과 규칙을 배우고 자신의 행동을 조절하기도 한다. 특히 또래 집단에서의 인정은 아이가 자기 존재에 대한 확신, 즉 자아 개념을 형성하는 데에 매우 중요하다. 이 시기의 아이들에게 또래는 단순한 친구를 넘어, 롤모델이자 평가 기준이 되기도 한다.

또래 집단의 역할

| 또래의 부모 역할 보충 | 소속감 형성 | 동아리 활동의 시작 | 자기 평가 |

아이는 또래 집단 안에서 소속감과 역할 학습, 즉 사회화를 경험하게 된다. 소속감은 '나는 이 그룹의 일원이다'라는 감정이다. 동아리, 반 활동, 조별 활동 등으로 자신이 의미 있는 존재임을 확인받는 기회가 되는 것이다.

자기 평가란, '나는 누구랑 어울리지?', '나는 인기 있는 아이일까?' 등의 질문을 아이 스스로 품으면서 자기 인식을 하게 되는 과정이다. 이는 자존감과 정체성 형성에 중요한 단서가 된다.

또래는 아이의 자기 평가의 기준이 되기도 하면서, '어느 학원에 다니는지', '어떤 반 친구들과 어울리는지'에 따라 아이의 학습 태도와 성취도에까지 영향을 미친다.

또래의 중요성은 **비고츠키(L. S. Vygotsky)의 근접 발달 영역(Zone of Proximal Development)이론**에서도 강조된다. 아동 발달과 학습의 핵심 개념을 정리한 이 이론에 따르면, 아이가 혼자서는 아직 해내지 못하지만, 성인이나 더 능숙한 또래의 도움을 받으면 수행할 수 있는 영역이 존재한다. 즉, 아이가 스스로 해결할 수 있는 수준과 전혀 할 수 없는 수준 사이에 위치한 '발달 가능성이 열려 있는 구간'이 바로 근접 발달 영역이다.

이 영역에서의 경험은 성장에 결정적인 기회와 동기가 된다. 그래서 이 시기의 또래 관계는 단순한 놀이의 차원을 넘어선다. 어른의 '모델링(행동을 보여 주고 안내하는 역할)'도 역시 아이의 학습과 발달을 이끄는 중요한 도구가 된다.

- **독립 수행 영역**은 실제 발달 수준에 맞는 활동을 말한다. 혼자서 양말이나 신발을 신는 등 아이가 스스로 해결할 수 있는 문제나 과제로 이미 습득한 지식이나 기술이 이에 속한다.

- **근접 발달 영역(ZPD)**은 아직 혼자서는 어렵지만 더 유능한 사람(부모, 교사, 또래 친구 등)의 도움을 받으면 해낼 수 있는 영역으로, 학습과 성장의 핵심 구간이다. 예를 들어, 혼자서는 퍼즐을 못 맞추지만, 어른이 조금 도와주면 스스로 맞출 수 있다고 하자. 이 퍼즐 맞추기는 아이의 ZPD 안에 있는 활동이다. 발달 가능성이 있는 영역인 것이다.

- **도달 불가능한 영역**은 도움이 있어도 이해나 수행이 어려운 구간이다. 발달이 더 이루어진 후에 시도해 볼 수 있는 영역을 말한다.

비고츠키 이론은 비계(Scaffolding)의 개념으로 확장된다. 비계란 건축에서 건물을 짓기 위해 임시로 설치하는 구조물인데, 교육에서는 아이 스스로 할 수 있도록 점점 도움을 줄여가는 지원 방식을 뜻한다. 다시 말해, 어른이나 더 유능한 또래가 아이의 수행 수준에 맞게 도와주고, 점차 그 도움을 줄여 가며 아이의 독립성을 키우는 방식이다. 예를 들어, 아이가 글을 쓸 때 처음엔 부모와 함께 주제를 정하고 문장을 만들다가, 점차 아이 혼자 글을 구성하도록 도움의 정도를 줄여 간다.

아이는 도움을 받는 과정에서 새로운 능력을 습득하고, 그것이 점차 내면화되어 독립 수행으로 발전한다. 궁극적으로는 아이 혼자 문제를 해결할 수 있도록 이끄는 것인데, 그 과정에서 교사나 부모의 역할, 특히 또래 집단의 역할이 아이의 행동과 성장을 이끄는 중요한 동기가 된다.

비고츠키는 "아이는 혼자 할 수 없는 일을, 함께하는 경험 속에서 배운다"라고 했다. ZPD는 '가능성의 공간'이며, 이 가능성을 꽃피우기 위한 상호 작용이야말로 교육과 코칭의 핵심이다.

✓ 셀프 체크

내 아이의 롤모델은 누구일까?

_____

_____

나는 누구를 롤모델로 삼아 살아왔는가?

_____

_____

5. 사회적 자아 존중감, 어디서 비롯되는가?

사회적 자아 존중감은 아이가 타인과의 관계 속에서 느끼는 '나의 가치'이다. 이 시기의 아이들은 또래와의 관계를 통해 소속감과 인정의 욕구를 충족한다. 이는 스스로를 바라보는 방식에도 큰 영향을 미친다. 인지 수준이 높을수록 관계에 대한 의존도, 즉 또래의 영향력은 상대적으로 줄어든다. 또래에게 덜 휘둘리고, 자신의 생각을 더 독립적으로 유지하는 경향이 있다. 반면, 가정환경이나 학습 상황 등 정서적·환경적 어려움을 겪는 아이일수록, 관계에서 오는 영향력이 커진다. 이럴 경우, 잘못된 또래 문화에 휩쓸릴 수 있다. 문제가 감지되었을 때는 신속하게 방

사회적 자아 존중감의 중요성

- 관계 속에서 느끼는 나의 가치
- 행복의 근원
- 협동, 리더십 등의 발달과 직결

향 전환을 해 줄 수 있는 부모의 판단력이 중요하다.

자기 통제력은 자아 존중감의 또 다른 이름

자기 통제력은 하고 싶은 걸 참을 수 있는 힘, 해야 할 일을 꾸준히 해내는 능력을 뜻한다. 또한 아이가 감정을 조절하고, 충동을 참으며, 스스로 행동을 조절하는 능력이기도 하다. 자기 통제력은 사회성, 학습 능력, 정서적 안정의 주춧돌인 셈이다.

초등학교 입학 전후는 자기 통제력 발달의 결정적인 시기이다. 자기 통제가 잘 되는 아이는 규칙을 이해하고, 지키려는 태도가 강하다. 친구들과의 놀이, 수업 시간, 가정 내 규칙을 지키며 사회성과 협동심이 자연스럽게 형성된다.

자기 통제력을 기르기 위해서는 규칙이 너무 많지 않게, 명확하고 단순하게 정하는 것이 바람직하다. 아이 스스로 규칙을 정해 보도록 기회를 주는 것도 좋다.

자기 통제력

발휘 시기	규칙	자기 효능감	회복 탄력성
초등학교 입학 전후	감정 조절, 규칙 준수	'난 할수 있어!'라는 마음의 힘	실패 후 다시 일어서는 복원력

자기 통제력은 자기 효능감, 회복 탄력성과 서로 깊게 연결되어 있다. 이 셋은 어린이의 심리적 성장과 사회적 적응을 위한 핵심 역량이다.

자기 효능감은 '나는 할 수 있어!'라는 마음의 힘이다. 자기 효능감이 높은 아이는 도전 과제를 포기하지 않고 끝까지 해내려 한다. 해냈다는 경험은 곧 자신감으로 이어지고, 다음 도전을 즐기게 된다.

아이가 스스로 해냈을 때에는 "○○을 잘 참았구나!", "네가 ○○을 통해 해냈구나!"처럼 과정에 초점을 맞춘 칭찬이 필요하다.

처음에는 도전 과제가 작을수록 좋다. 실패하지 않을 만큼 작고, 분명한 과제를 설계해 주면, 아이는 작은 성공을 맛보며 점차 자기 효능감을 키워 간다. 그러한 경험이 쌓이다 보면 아이는 도전적인 과제도 쉽게 포기하지 않는다.

회복 탄력성이란 실패해도 다시 일어나 도전할 수 있는 힘을 말한다. 회복 탄력성이 높은 아이는 실수나 실패 앞에서도 감정 폭발 없이 상황을 받아들이고 다시 시도하려고 한다.

회복 탄력성을 기르기 위해서는 아이가 실패했을 때, "괜찮아, 다시 해 보자"는 말로 부드럽게 감싸 주는 게 필요하다. 그렇다고 실패나 실수를 너무 빨리 수습해 주거나 대신 해결해 주는 것은 피해야 한다. 실패를 통해 스스로 배우고 일어나는 힘을 키우고, 자기 통제력을 길러야 하기 때문이다.

자아 존중감, 자기 통제력, 회복 탄력성 등은 꾸준한 훈련으로 발달할 수 있다. 부모는 아이를 믿고, 인내심을 갖고 지켜봐 줘야 한다.

'할 수 있는 환경'과 '실패해도 괜찮다는 안정감'이 아이에게 주는 가장 큰 선물이다.

6. 아동기 사회성: '다름'을 받아들이는 힘

일상에서 우리는 수없이 많은 '다름'과 마주한다. 마트, 놀이공원, 버스, 거리…, 어디서든 우리와는 다른 가치관과 행동을 지닌 사람들을 만난다. 그 '다름'에 대해 우리는 어떻게 받아들이고 이해하고 있을까?
"저 사람은 왜 저렇게 말해?"
"왜 저런 옷을 입었지?"
"왜 이상하게 행동하지?"
하지만 그 '다름'은 당사자에게는 아주 자연스러운 '평범함'일 수 있다. 내가 '다르다'라고 느꼈다고 해서 그 사람이 '정말 이상한 것'은 아니다. 그 사람도 나를 '다르다'라고 생각할 수 있다. 우리는 종종 내 기준이 '보편적인 기준'이라는 착각을 한다. 그런데 부모의 이런 인식과 표현은 고스란히 아이에게 전달된다. 부모가 누군가를 이상하게 여기거나 편견을 가지고 말하는 순간, 아이도 그것을 '정상적인 판단 방식'으로 학습한다. 왜냐하면 아이들은 부모에게 인정받고 싶어 하기 때문이다. **인정받기 위해 부모가 생각하는 말을 하고, 부모가 기뻐할 행동을 선택적으로 한다.** 그래서 우리는 더욱 '다름'에 대해 열린 시각을 가져야 한다.

'다름'을 받아들이는 훈련은 유아기부터 시작되어야

사회적 편견을 없애고, 다양한 시선으로 바라보는 관점을 기르도록 돕는 것이 이 시기에는 중요하다. 이러한 다양성 감수성(Diversity Sensitivity)은 사회성 발달의 핵심 역량 중 하나이다. 예를 들어, 다양한 피부색이나 국적, 인종의 다름, 신체적·정신적 장애에 대한 이해, 다양한 가족 형태와 생활 방식, 성별 고정관념이나 감정 표현 방식의 차이 등을 이해함으로써 '다름'을 배울 수 있다. 이 시기에 다름을 이해하고 수용한 아이는, 유치원이나 학교에서 자신과 다른 친구들을 편견 없이 인정하며 대하게 된다.

유치원에서 돌아온 아이가 이런 말을 한다면 어떻게 반응할 것인지 한번 생각해 보자.

"엄마, 오늘 ○○이가 나한테 이상한 말을 했어. 혼내 줘."

"엄마, 선생님이 나한테 저런 행동을 해서 속상했어."

이런 말을 들었을 때, 부모의 반응은 보통 세 가지 유형으로 나타난다.

반응 유형	예시	아이가 배우는 메시지
부정 또는 회피	"설마⋯, 그랬을까? 확인해 볼게."	내 감정은 신뢰받지 못한다.
즉각적 개입	"그래? 엄마가 가서 혼내 줘야겠다."	문제가 생기면 누군가가 대신 해결해 준다.
공감 + 탐색	"○○아, 많이 속상했구나. 그 상황을 같이 생각하고 해결해 보자."	감정을 표현하고 스스로 문제를 이해하는 법을 배운다.

아이들은 엄마의 반응에 따라 비슷하게 반응한다. 그리고 각인된다. '이런 상황에서는 이렇게 해결해야 하는구나'라고 엄마의 문제 해결 방식을 보고 배운다. 이는 아이들의 사회성 발달과 즉각적으로 연결된다. 부모를 따라 하는 아이들의 모방은 생각 이상으로 강력하다.

더 다양해지는 세상, 더 커져야 할 이해

우리는 다양성이 일상인 시대를 살아가고 있다. 문화, 가치관, 사고방식이 다른 사람들과 협력하고 공존하는 능력은 미래 사회의 핵심 역량이 될 것이다. 이 다양성의 사회에서 우리 아이는 **다른 사람의 입장을 이해하고, 배려하며, '다름'을 수용할 수 있는 사람으로 자라야 한다.**

사람은 각기 다른 판단을 하며, 모두 같은 방식으로 생각하지 않는다. 그 '다름'을 인정하지 못하고 분노하거나 서운해하는 태도는, 세상이 '내 생각과 같아야 한다는 위험한 착각'을 낳는다. 우리 아이가 그런 착각 속에서 자신만의 세상에 갇혀 사는 것을 부모가 원할까?

청소년기 이후에 발생하는 학교폭력, 사회적 고립, 온라인 혐오 표현 등 대부분의 사회적 문제들은 바로 이 '다름에 대한 인식 부족', '나와 생각이 다른 사람에 대한 분노', 그리고 '문제 해결 방식의 차이'에서 비롯된다.

이 모든 것은 어렸을 때부터 충분히 교육을 통해 예방할 수 있다. 따라서 아동기부터 '다름'을 인식하고, 이를 받아들이는 '감수성'을 길러 주는 것이 무엇보다 중요하다.

📋 이번 달 실천 과제: '다름'을 배우는 경험

STEP 1: 주제 선정   아이와 함께 다음 중 하나를 주제로 정해 보자.
예: 다양한 피부색, 장애에 대한 이해, 다양한 가족 형태, 문화별 인사법, 감정 표현의 다양성

STEP 2: 활동 설계   선정한 주제를 기반으로 책 읽기, 다문화 체험 활동, 관련 영상 시청, 그림 그리기 등을 계획해 보자.

STEP 3: 질문을 통한 대화 나누기
"너는 어떻게 생각해?"
"그 친구는 왜 그렇게 행동했을까?"
"우리는 어떤 점이 같고, 어떤 점이 다를까?"

✓ 오늘의 셀프 체크

- 나는 일상에서 '다름'을 어떤 시선으로 바라보고 있는가?
- 아이 앞에서 타인에 대해 말할 때, 나의 말에 편견이 섞여 있지는 않았는가?
- 우리 집에서 '다름'은 어떻게 얘기되고 있는가?

---

7. 부모됨의 가장 큰 도전: '인정'

'인정'의 어려움

내가 보는 내 아이 모습 →
- 왜 딴짓만 하고 있을까?
- 생활 태도부터 엉망이에요.
- 뭘 해도 진득하지 못해요.

내가 원하는 내 아이 모습 →
- 학업 성취도가 높고 집중력이 좋은 아이
- 도덕적 감각이 분명하고 책임감 있는 아이
- 스스로 목표를 세우고 계획을 실천하는 아이

이 도표는 우리 부모의 답답함을 잘 드러내고 있다. 이는 많은 부모가 겪는 **심리적 불균형**이기도 하다. 우리는 종종 있는 그대로의 아이를 보기보다, 기대 속의 아이에 더 비중을 둔다. 이 괴리 속에서 부모는 현재 아이의 행동이 늘 미흡하거나, 어디엔가 문제가 있다고 느끼게 된다.

인정하지 못하는 마음의 구조

'인정'은 단지 어떤 행동을 수용하는 것이 아니라, 있는 그대로의 존재를 받아들이는 심리적 태도이다. 하지만 이 '인정'이 어려운 이유는 다음과

같은 심리적 패턴과 관련이 있다:

- **확증 편향:** 부모는 자신이 아는 아이 모습에 대한 확신이 강해서, 반대되는 정보는 불신하려 든다.
- **방어적 반응:** 아이에 대한 부정적 피드백은 비판으로 해석, 무의식적으로 방어하려 한다.
- **정보 처리 지연:** 부모 자신이 아이에 대한 정보를 새롭게 해석하고 받아들이는 데 시간과 감정적 여유가 필요하다.

이러한 반응은 단순한 고집이 아니라, 부모가 자녀에 대해 '인정하기 어려운 감정'과 연결되어 있다.
부모는 지난 5~10년 동안 온 마음을 다해 자신의 아이만 바라보며 키워왔다. 그 과정에서 아이의 장단점을 누구보다 잘 알고 있다. 하지만, 때로는 단점을 개인적인 기준에서 판단하여 자기 탓으로 여기는 경향이 있다. 그런 까닭에, 아이에 대한 기대와 애정이 깊을수록 아이의 '부족함'이나 '약점'을 방어적으로 받아들이며, 동시에 이를 자기 책임처럼 느끼곤 한다.
예를 들어, 부모 입장에서,
"아이가 수업 시간에 집중을 못 해요."
"친구들과 어울리기 어려워해요."
라는 이야기를 들으면, 그 사실보다도 그것을 '받아들이는 감정'이 더 복잡하고 힘들다.

"내가 아이를 잘못 키운 걸까?"

"내가 부족해서 그런 건가?"

이런 생각은 죄책감, 불안, 두려움으로 이어지기 쉽고, 결국 현실을 인정하지 않으려는 방어적 태도로 나타난다. 그래서 아이에 대해 '있는 그대로 인식'하는 일은 생각보다 훨씬 어렵고 고통스럽기까지 하다.

실제로 내가 만난 학부모 중 '자신의 아이가 어떤 부분에서 어려움을 겪고 있다'는 사실을 있는 그대로 수용하고 인정하는 분은 열에 한두 명에 불과하다.

대부분의 부모는 이렇게 말한다.

"우리 아이가 설마…?"

"우리 아이가 그런 행동을 한 데에는 이런 이유가 있을 거예요."

이러한 반응은 자녀를 감싸고 싶은 사랑의 표현일 수 있다. 또는 '내 뱃속에서 품고 낳았으니 내가 가장 잘 안다'라는 깊은 애착과 확신에서 비롯된 것일 수도 있다.

하지만 여기서 중요한 심리적 사실 하나를 놓쳐서는 안 된다.

'인정 없이는 진짜 변화도 시작될 수 없다'는 것이다.

인정은 포기가 아니라, 변화의 시작

아이의 현재 모습을 인정한다는 것은, 아이를 비난하거나 포기하겠다는 뜻이 전혀 아니다. 오히려 그 반대이다.

그것은 '있는 그대로의 너를 본다'라는 깊은 존중이며, '지금 여기에서부터 함께 성장해 가자'라는 신뢰와 용기의 표현이다.

자기 효능감은 실패나 부족함에 직면했을 때, 주변의 수용적 반응과 지지가 있으면 더 강하게 자란다.

코칭의 관점에서도, '현실의 정확한 인식'은 변화의 첫 번째 스텝이다. '지금 어디에 있는가?'를 인정하지 않으면, '어디로 가야 하는가?'도 찾을 수 없다.

부모가 먼저 현실을 담담하게 받아들이고, 그 위에 아이의 가능성을 다시 세우려는 의지를 보여 줄 때, 아이도 자기 자신을 부끄러워하지 않고 성장의 여정을 시작할 수 있다.

8. 소통: 말과 문자는 '속도'보다 '의미'

유아기 때 엄마들은 말과 문자 교육에 열중한다. SNS에는 이런 문장들이 넘쳐난다.

"○○이는 3살인데 벌써 '가나다라'를 읽는대."
"○○이는 4살인데 한글도 떼고 알파벳도 줄줄 외워."

SNS의 발달로 인해 이런 식의 사회적 자랑을 너무나 쉽게 접할 수 있다. 어쩌면 엄마들은 'SNS 자랑 대회'에 나간 것처럼 경쟁적으로 교육하고, 아이의 발달 속도를 높이려 애쓴다. 팔로워들은 이를 보편적인 현상으로 받아들이게 되고, 그러면 또 다른 엄마들은 고민에 빠진다.

이는 아이에게 보이지 않는 심리적 압박으로 이어진다. 아이의 발달 속도와 관심사에 대한 존중보다 사회적 기준에 맞추려는 부모의 의식이 부모와 아이 모두를 불안하게 만든다.

"우리 아이가 느린가?"

"우리 아이를 위해 무엇을 '더' 해 줘야 할까?"

말과 문자 인지의 '빠름'과 '느림'의 기준은 무엇일까? 특별한 재능을 일반화하는 SNS가 답은 아니다. 옆집 엄마의 '카더라' 통신도 답이 아니다. TV 프로그램에 나오는 아이들도 답이 아니다.

말과 문자는 유아기 때 자연스럽게 본능처럼 익히게 되는 기술 중 하나이고, **내 아이는 독립적인 인격체와 자아를 가진 존재이다. 이 존재가 남과 같다고 생각하지 않았으면 한다.** 그 고유함을 남의 기준으로 판단하지 않는 지혜, 그것이 부모의 교육 철학이 되어야 하지 않을까?

무엇보다 유아기와 아동기에는 부모의 '기다림이 교육'이라고 말하고 싶다. 기다림은 인내심을 훈련한다. 기다림은 관찰을 낳고, 관찰은 이해를 낳는다. 이해는 공감으로, 공감은 결국 아이와의 깊은 연결로 이어진다. 조급해질 때마다 이렇게 자신에게 물어보면 어떨까?

"나는 오늘 아이를 얼마나 기다려 주었는가?"
"기다림 없이 했던 나의 행동이 아이의 자율성에 어떤 도움이 되었을까?"

나는 지금 7년째 기다림 중이다. 우리 둘째와 함께 기다림을 하면서 난 많은 행복을 느끼고 있다. 작은 움직임, 작은 말 한마디에 감사함을 느낀다. 이러한 작은 긍정의 신호들이 모여 언젠가는 더 큰 행복으로 가게 될 것이라 생각한다.

다른 또래 아이들과 비교하거나 다른 형제, 자매들과 비교하면 내 아이가 한없이 부족해 보일지 모른다. 하지만 '부족한 내 아이' vs '나에게 감사와 행복을 느끼게 하는 내 아이' 중 무엇이 더 소중한지는 언급할 필요도 없을 것이다.
부모가 '부족한 아이'라는 시선으로 아이를 바라보는 순간, 그 아이는 '자기답게 성장할 기회'를 빼앗기고 있다는 사실을 생각해야 한다.
조급함은 아이를 변화시키기보다, 부모의 불안만 키운다.

"내 아이는 왜 이렇게 느릴까?"라는 닫힌 질문 대신,
"내 아이의 마음속에는 지금 어떤 변화가 싹트고 있을까?"
"어떤 생각이 차곡차곡 쌓이고 있을까?"
"어떤 경험이 이 아이의 내면을 단단하게 만들고 있을까?" 등,
아이의 가능성과 현재의 과정을 존중하는 열린 질문으로 바꿔 보자.

아이의 속도를 기다려 주는 부모의 자세는, 아이가 자기만의 언어와 속도로 세상과 연결되는 다리가 될 수 있다고 생각한다.
부모 코칭에서 중요한 것은 문제에 집중하기보다 가능성에 초점을 맞추는 태도이다. 아이가 '아직 못하는 것'보다 '이미 하고 있는 것'과 '곧 할 수 있는 것'을 발견하는 순간, 부모의 시선이 바뀌고, 그 시선이 곧 아이

의 자존감과 도전 의지를 키운다.

아이의 속도를 존중하고 기다려 주는 부모의 태도는, 마치 단단한 다리처럼, 아이가 자기만의 속도로 세상과 연결될 수 있도록 지지해 준다. 그 위에서 아이는 넘어졌다가도 다시 일어설 수 있고, 스스로 앞으로 나아갈 힘을 얻는다.

9. 자기 합리화: 부모의 공감이 열쇠다

아동기에는 자기 합리화(Self-justification)도 시작된다. 자기 합리화란 어떤 부정적인 행동이나 선택을 정당화하는 등, 내적 갈등을 완화하기 위해 사용하는 심리적 방어 메커니즘이다. 자신의 행동을 그럴듯한 이유로 설명하여 불안을 완화하려는 것이다. 아이들은 잘못을 인정하기보다는 '그럴 수밖에 없었던 이유'를 만들어 내면서 불안을 덜어 내려 한다.
예를 들면 이렇다.
"○○이가 먼저 때렸어요."
"나는 일부러 그런 게 아니었어요."
이런 반응은 아이가 나쁜 아이라는 뜻이 아니다. 오히려 자기 자신을 보호하기 위한 심리적 균형 감각이 형성되고 있다는 신호이다.

이 시기에 부모가 보여야 할 태도는 이해와 공감이다. 단순히 "핑계 내지 마!"라고 다그칠 것이 아니라, "그랬구나, ○○이 입장에선 그렇게 느낄 수 있었겠다", "그런데 그 상황에서 다른 선택은 없었을까?" 등의 방식으로 아이의 이야기를 경청하고, 감정을 이해해 주는 태도가 필요하다. 이러한 접근은 아이와의 정서적 신뢰감 형성에 중요한 기반이 되며, 건강한 자기 인식과 반성하는 태도를 기르는 데 도움을 준다.

아이와의 소통에서 또 하나 중요한 것은 무엇일까? 바로 **경청**이다. 그것도 조건 없는 경청이다. 특히 신학기가 되면 아이들은 이야기가 많아진다. 이때 낯선 환경에서 겪는 아이들의 불만, 감정 모두를 있는 그대로 들어줘야 한다. 그런데 절대 피해야 할 말이 있다.
"나 때는 말이야…."
"그게 무슨 말이야, 말도 안 돼."
"너는 왜 그렇게 생각해?"
이러한 말들은 아이의 감정을 부정하는 느낌을 주어서, 더는 부모에게 자신의 속마음을 털어놓지 않게 만든다. 듣는 동안 "나는 듣고 있다. 이후 이 부분에 대해 같이 해결해 보자"라는 열린 마음이 중요하다. 이러한 부모의 반응은 아이의 자존감을 살리는 소통의 출발점이 된다.

엄마 아빠, 다른 접근 방식
아이에게는 부모가 두 명이다. 그렇기에 교육관이 다를 수 있다. 엄마와 아빠가 서로 다른 양육 철학과 훈육 방식을 가질 경우, 아이는 혼란스러워진다.
누구의 말을 따라야 하지?
한쪽은 혼내고, 한쪽은 괜찮다고 하니, 어떻게 해야 되는 걸까?

이 혼란의 와중에 사춘기를 맞이하면, 갈등은 더 증폭될 수 있다. 게다가 부모가 계속 의견 차이를 보인다면, 아이는 부모와의 정서적 거리감을 더 크게 느끼게 된다.

따라서 학습이나 정서적인 면에서 두 사람이 일관성 있게 조율하고, 소통 및 훈육 방식을 일치시켜야 한다. 부모의 몫이다.

엄마, 아빠 다른 접근 방식

결과 중심적 접근
- 자녀의 성취와 결과에 주목
- 목표를 설정하고 목표 달성을 위해 노력하도록 장려
- 자녀의 독립성과 능력 향상에 초점을 둠

정서 중심적 접근
- 자녀의 감정적인 요구에 민감하게 반응
- 자녀의 감정을 이해하고 공감하는 것을 우선시함
- 사랑과 보호로 자녀와의 강한 유대감에 중점을 둠

예를 들어, 숙제와 놀이 시간을 바라보는 '부'와 '모'의 관점이 다를 수 있다.

아빠는 정해진 규칙과 시간 관리를 중요하게 생각한다.

"우리 아이는 하교 후 먼저 숙제를 끝내야만 놀 수 있어요. 학교 공부가 가장 우선이고, 숙제에 대해 책임감을 가지는 게 중요하다고 생각해요."

아빠는 아이에게 명확한 규칙을 세우고, 일정한 루틴을 지키게 하려 하고, 놀이보다 학습 습관과 자기 조절 훈련을 우선시 한다. 자기 통제력은 이러한 방식을 통해 기를 수 있다고 생각한다.

반면, 엄마는 아이의 주도성을 중요하게 생각한다.

"저희 아이는 놀다가도 알아서 숙제를 하더라고요. 너무 조이기보단 아이 스스로 하고 싶을 때 하게 두는 편이에요. 어릴 땐 노는 게 더 중요하지 않나요?"

엄마는 아이의 기분과 리듬을 존중하고, 자율성을 강조한다. 학습보다 정서 안정과 창의적 놀이를 우선하고, 자기 통제력은 내적 동기에서 자라난다고 믿는다.

이렇게 부모 간 다른 관점에서 생기는 마찰은 그대로 아이에게 전해진다. 이러한 관점의 차이는 어느 쪽이 옳고 그르다기보다, 아이의 기질과 발달 단계에 맞춰 융합적으로 조정할 필요가 있다. **아빠의 규칙성 강조는 사회성 훈련에 효과적일 수 있고, 엄마의 정서적 접근은 자율성과 창의성 발달에 유리할 수 있다.** 따라서 바람직한 것은 부모가 충돌하지 않고 상호보완적으로 역할을 나누는 것이다.

10. 전인 성장: 몸과 마음, 관계까지 함께 자라나기

1. '잘 먹이기'에서 '스스로 먹기'로

유아기와 아동기를 거치며 무엇보다 중요한 것은 잘 먹는 것이다. 음식은 성장의 원천이고, 면역력 향상의 기반이 된다. 그래서 엄마들은 이유식부터 영양을 고려한 다양한 음식을 먹인다. 이런저런 맛을 알아야 커서도 잘 먹을 것이라고 생각하며 열심히 먹인다. 그런데….
우리 아이들은 부모의 기대처럼 자라주지 않는다. 엄마들은 주기적으로 받는 아이들의 '성장 검사' 수치를 보면서 좌절하기도 한다. 그럴 때마다 심기일전 다시 열심히 먹이면서, 아이가 먹지 않으면 화를 내기도 한다. 모든 음식을 가리지 않고 골고루 잘 먹으면 얼마나 좋으련만, 아이마다 타고난 기질과 생리적 반응, 성장 속도에 따른 개인차가 있으니 어쩔 수 없는 노릇이다. 억지로 먹이려는 시도는 아이에게 음식에 대한 거부감과 엉뚱한 부작용을 낳을 수 있으므로 신중해야 한다.

방법 제안: 우선 아이가 가장 좋아하는 음식 세 가지만 꼽아 보자. 그 세 가지를 변형하여 비슷한 스타일이지만 다른 음식에 도전하게 해 보자. 예

를 들어, 아이가 치즈를 좋아한다면 치즈를 활용한 여러 요리를 시도해 볼 수 있다. 부모로서의 애정 어린 노력은 시간이 흐르면 결국 아이의 마음에 닿게 된다.

다만, 아이에게 억지로 먹이려 하면, 그 강요가 싫어 점점 더 거부감을 키우고, 이는 트라우마로 이어질 수 있음을 고려해야 한다. 아이 스스로 배고픔과 포만감을 인식하고, 먹는 행위를 통해 자기 조절력을 키워갈 수 있도록 기다려 주는 것이다.

2. 신체적 성숙과 성(性) 인지

초등학교에 들어가기 전에 아이들은 성별의 차이를 인지한다. 왜 남자아이가 목욕탕에서 엄마를 따라가면 안 되는지, 왜 화장실이 구분되어 있는지 등을 알게 된다. 이런 때 '다름'이 자연스러운 것임을 인지시키는 것이 중요하다.

이 '다름'의 첫인상을 너무 강하게 주면, 아이들에게 잘못된 성 인식을 심어줄 수도 있다. 남자와 여자는 다른 신체 생김새를 가지고 있다는 것을 자연스럽게 설명해 주는 과정에서 아이들에게 수치심이나 부끄러움을 느끼게 해서는 안 된다.

방법 제안: 일상생활에서 성에 대한 질문이 나올 때, 아이의 눈높이에 맞춰 솔직하고 정확하게 답변해 주는 것이 좋다. 이를테면, 아이가 "왜 남자와 여자의 화장실이 달라?"라고 묻는다면, "남자와 여자는 몸의 구조

가 달라서 각자 편하게 쓸 수 있도록 따로 만들어진 거야"라고 대답해 주면 된다.

이처럼 성에 대한 정보는 사실 그대로, 그러나 중립적인 언어로 설명하는 것이 핵심이다. 호기심이 한창인 아이에게 성은 숨겨야 할 대상이 아니라, 존중과 이해의 대상이라는 점을 차분하게 알려 주어야 한다.

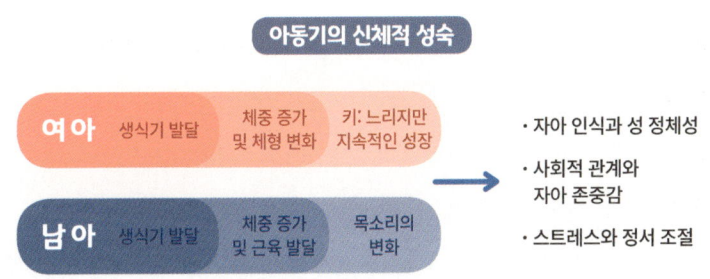

3. 초등학교 1학년: 변화의 시작, 부모의 역할은?

아동기에서 중요한 시기는 초등학교 1학년이 되는 시점이다. 이 때는 아이에게도, 부모에게도 중요한 전환점이다. 아이는 유치원 생활을 마감하고 본격적으로 '학생'으로서의 삶을 시작하며, 학교라는 사회 시스템에 적응해야 한다. 부모 역시 아이의 일상, 친구 관계, 학습에 적극적으로 개입하며 양육 방식의 변화를 맞이하게 된다.

우리 집 첫째는 '인정'을 많이 받는 아이이다. 활동이든 공부든 한번 시작하면 잘 하는 편이다. 새로운 학습 분야도, 새로운 운동도 매사 철저히

하려고 노력한다. 집중력도 좋은 편이고, 상황 판단력도 좋다. 하지만 자신의 주장이 틀렸음에도 불구하고 한번 고집을 부리면 완강하다. 설득이 잘 안 된다.

그럴 땐, 기다림이 필요하다. 그런데 부모로서 인내심을 가지고 기다리는 것은 말처럼 그리 쉽지 않은 일이다.

때로는 기다림이 아이의 행동을 '인정'하는 것이 될 수 있다는 생각에 기다리지 못하고 감정을 드러내기도 한다. 그러면 아이도 감정을 숨기지 않는다. 그런데 이때 아이가 사용하는 언어나 행동을 보며, 나는 깜짝 놀라곤 한다. 어느새 부모를 그대로 따라하고 있는 것이다.

하지만, 엄마인 나는 이를 인지하지 못하고 속상해 하며 "아이가 어디서 그런 말투나 행동을 배웠을까"하며 주변만 살피곤 했다. '나는 아닐 것'이라고 생각했다. 이것도 나의 에고 탓이었다.

초등학교 1학년이 되면 많은 변화를 겪게 된다. 학교와 부모는 성실한 학생을 원한다. 여기에는 규칙적인 생활과 자기 주도적인 부분이 포함되어 있다. 아이가 어려워하는 영역을 부모가 알아차리고 확인하며 지도하는 과정에서 아이의 부족한 부분들을 발견하게 된다.

이런 경우, 부모는 불안을 느끼기 시작한다. 특히 학업 능력이나 사회성, 소통 능력, 발표력 등에서 부족함을 인지하면, 불안의 그림자가 더욱 짙게 내려 앉는다. 이런 상황에서 부모는 아이를 있는 그대로 바라보는 것이 아니라, 부족한 부분만을 캐치하려 하고, 다양한 형태로 피드백을 준다.

부모가 가장 많이 하는 말을 꼽자면 다음과 같을 것이다.

"○○아! 하지 마!"

"그러지 마!"

"그건 아니잖아."

"이렇게 해서 우리 성적을 이만큼 올려 보자."

공감이 확 오지 않는가? 이러한 말들은 모두 부정적 피드백이다. 부모는 자녀가 자기 주도적인 초등학생으로 성장하기를 원하지만, 여전히 부모 중심적인 방식으로 아이를 끌어 가려 한다. 부모가 원하는 수업, 부모가 원하는 공부를 하게 하는 것이다. 이 틀을 깨기 위해서는 지시가 아닌 '코칭적 피드백'이 필요하다. 코칭적 피드백이란 단순히 잘잘못을 지적하거나 결과를 평가하는 피드백이 아니라, 스스로 성찰하고 성장할 수 있도록 돕는 대화 중심의 피드백이다.

4. 아이의 세계: 그들만의 언어와 사고방식

초등학생이 되면 아이는 자신만의 사고방식을 점차 형성해 간다. 더 큰 사회의 일원이 되면서 많은 친구들도 생기기 시작한다. 그 친구들과 생각을 맞춰 보고 친한 친구들을 가리기 시작한다. 선별된 친구들과 함께 지내면서, 친구와의 일치가 곧 '정답'처럼 느껴지는 착각도 이 시기에 흔히 나타난다. 아이는 '내가 맞다'라는 자기 주장을 갖고 행동하고, 이는 부모와의 갈등으로 이어지기도 한다.

부모는 아이의 언어를 얼마나 알고 있을까? 내가 생각하는 우리 아이와 친구들 사이에서의 내 아이는 다를 수 있다. 그렇기 때문에 어떤 친구와 함께 지내는지가 중요하다. 초등 시기에 부모의 은근한 개입과 관찰이 필요한 이유이다.

5. 자율성과 성장을 위한 피드백 전략:

생각하게 하고, 함께 나누고, 따뜻하게 인정하자

아동기에는 단순한 지시나 평가보다, 아이 스스로 '생각하고 선택하는 힘'을 기를 수 있는 피드백이 효과적이고 중요하다. 좋은 피드백은 아이의 자아 개념, 자아 존중감, 동기 형성에 직접적인 영향을 준다.

• 피드백 타입 1: 아이가 스스로 생각하게 만드는 피드백

어떤 질문을 해야 아이가 스스로 생각해 볼까? 이때 핵심은 정답을 요구하지 않는 '열린형 질문(Open-ended Question)'을 활용하는 것이다.
"오늘 그 일에서 너는 어떤 점이 기분 좋았어?"
"그 상황에서 다른 방법도 있었을까?"
"넌 어떻게 해 보고 싶어?"
열린 질문의 효과는 아이 스스로 문제를 재해석하게 하여, 문제 해결 능력을 키운다는 점이다. 아이는 부모의 신뢰를 느끼며 더 자율적으로 움직인다. 피드백의 포인트는 아이에게 말할 수 있는 시간을 충분히 주고, 조언보다 '경청'을 먼저 하는 것이다.

• **피드백 타입 2:** 엄마와 함께 생각해 보는 대화형 피드백

'어떤 문제를 함께 나누면서 이야기를 이어나갈 수 있을까?'라는 질문에서 시작한다. 엄마나 아빠가 단순히 지시자가 아니라 '생각을 나누는 파트너'가 되는 순간, 아이는 성장한다.

"엄마도 네 말 들으니까 이런 생각이 들어. 너는 어떻게 생각해?"
"그럴 수도 있겠네. 우리 같이 다음엔 어떤 식으로 해 볼까?"
"그럴 땐 엄마도 어렵더라. 네 생각은 어때?"

함께 생각하는 피드백의 장점은 아이가 비판이 아닌 지지를 느낀다는 사실이다. 부모와의 심리적 거리감이 줄고 신뢰감이 자란다.

• **피드백 타입 3:** 인정과 칭찬의 따뜻한 피드백

인정과 칭찬은 결과보다 과정에 대한 것이어야 한다. 과정을 인정받을 때 아이의 자존감은 더욱 탄탄해진다. 공감 역시 '내 경험'이 아니라, '아이의 입장'을 대화 안에서 함께 느끼는 것이어야 한다.

"네가 오늘 ○○을 해 보려고 노력한 게 너무 기특했어."
"실수했지만 다시 도전하려는 네 모습이 멋졌어."
"고마워. 엄마는 네가 이렇게 이야기해 줘서 참 기뻐."

다음과 같은 말투, 즉 "왜 그런 말을 해?" "그건 네가 잘못했잖아" 등의 반응은 아이의 마음을 닫히게 하고, 자기 표현 욕구를 꺾는다. 결과가 잘못되더라도 과정을 칭찬해 주고, 방향성에 대한 모색을 아이 스스로 할 수 있게 이끌어 주는 것이 성장하게 만드는 피드백이다.

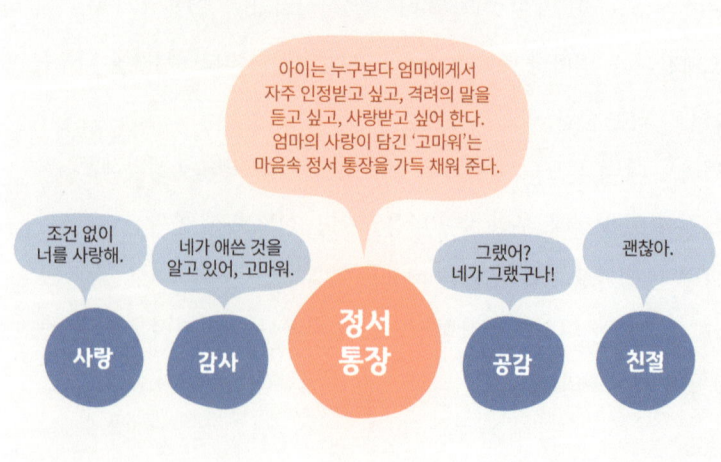

그중에서도 핵심은 질문을 '어떻게(How)'로 시작하는 것이다. '어떻게'라는 질문은 아이가 스스로 문제를 해결해 나갈 수 있는 사고의 출발점을 제공한다. 반면, '무엇'으로 시작하는 질문은 '맞다', '아니다'라는 단답형 대답으로 끝날 가능성이 크다.

예를 들어, "어떻게 느꼈어?", "어떻게 해 보고 싶어?"와 같은 질문은 아이의 생각을 확장시키고, 감정을 탐색하게 만드는 힘이 있다.

이러한 열린 질문이 아이의 '생각 근육'을 단단하게 키우고, 문제를 바라보는 다양한 시각과 자기 표현력을 함께 길러 준다.

의욕을 끌어올리는 부모의 피드백 전략
- 자율성과 인정, 거리 두기의 기술 -

아이들은 생각보다 자주 '무기력함'과 '자기 부정'을 경험한다. 특히 결과 중심의 평가 앞에서는 쉽게 좌절감을 느낀다. 이때 부모의 피드백은 아이의 '내적 동기'를 살릴 수도, 꺼뜨릴 수도 있다.

성적에 대한 피드백

"70점을 받았다고? 네가 노력한 건 엄마도 다 알아. 박수 쳐 줄 일이야. 하지만 학생이니까 성적 관리는 꾸준히 해야 해. 다음에는 더 열심히 해서 80점 맞아 보자. 응원할게."

→ 이 말에는 세 가지 핵심 피드백 요소가 포함되어 있다.
아이의 노력을 **인정**하고 지금 성적에 만족하면 안 된다고 **조언**하고 새로운 **목표**도 제시한다. 성적이 떨어지거나 생각보다 안 나오면 제일 속상한 건 아이 자신이다. 그런 아이의 입장을 생각해서 아이에게 다시 감정적인 지지와 동기 **부여**를 해야 좋은 잔소리이다.

규칙에 대한 피드백

"게임을 한 번에 2시간을 할 건지, 아니면 1시간씩 나눠서 2시간을 채울 건지 네 의견을 말해 봐."

→ 아이에게 자율성을 주면서 자신의 말에 책임지게 하는 '**규칙 같이 만들기 방법**'은 매우 효과적이다. 물론 규칙이 정해지면 무슨 일이 있어도 지킬 수 있도록 부모가 엄격히 관리해야 한다. "오늘은 네가 시험을 잘 봤으니까" "오늘은 아빠 기분이 좋으니까"라는 식으로 예외를 자꾸 만들면 규칙은 아무런 의미가 없다.

엄마의 자기 표현

"오늘 날씨가 추워. 알아서 잘 입었지?"
"아침밥을 안 먹는다고? 그러렴. 배가 안 고픈가 보네"
"엄마에게는 엄마 인생도 있어.
그건 너를 사랑하는 것과는 별개의 문제야."

→ 아이에게 사랑을 아낌없이 듬뿍 주어야 한다는 건 육아의 제1원칙이다. 하지만 사랑을 고갈시키면 안 된다. 부모는 자신을 위한 사랑도 남겨야 하고, 잔소리에도 그런 태도가 녹아 있어야 한다. 무한히 헌신하거나 끝없이 사랑한다는 뉘앙스는 잔소리의 효과와 가치를 떨어뜨린다. 때로는 **약간 거리를 두고 온도를 약간 낮추는 잔소리가 고급 잔소리**가 될 것이다.

11. 재능 발견: 아이의 빛나는 영역이 보이기 시작한다

초등학생이 되면 보인다. 우리 아이가 어떤 영역에 두각을 나타내는지를. 아이들이 초등학교에 입학하면, 부모는 두 가지 상반된 태도를 동시에 보이곤 한다. 하나는 급격한 기대치 상승이고, 다른 하나는 무의식적인 '낮은 평가', 즉 "아직은 미숙하다", "좀 더 지켜봐야 한다"라는 시선이다. 그런데 부모의 낮은 기대치는 의도하지 않았더라도 자칫 아이의 자아 개념 형성, 자기 효능감, 학습 태도에 영향을 줄 수 있다.

부모의 기대가 낮아져 자기 효능감이 떨어지면 아이 스스로 '나는 못하는 아이'라고 생각하기 쉽다. 그럴 경우, 도전보다는 회피하는 행동을 보이게 되고, 자기 통제력도 떨어진다. 부모가 자주 대신해 주거나 반복적으로 지적하는 행동은 자녀의 주도성과 동기를 약화시킨다. 무의식 중에 아이의 내면에는 '나는 부족해', '엄마 눈에는 늘 실수만 하는 나'라는 인식이 심어질 수 있는 것이다.

부모는 늘 유연성을 가져야 한다

부모는 아이와 타협하며 균형을 유지해야 하지만, 여기에서도 원칙은 늘

유연성과 원칙의 균형 유지하기

1. 유연성
- 새로운 상황에 적응하고 변화에 대처하는 능력
- 문제 해결 능력, 창의성을 키우는 핵심 요소
- 성공적인 삶을 위한 심리적 자원

2. 원칙과 유연성의 균형 유지
- 원칙과 유연성의 균형이란, '융통성 있게 경계 지키기'이다.
- 원칙은 아이에게 예측 가능성과 안정감을 제공, 도덕성과 책임감 발달에 기여한다.
- 상황에 따라 유연하게 대처하되, 기본적인 가치와 원칙은 유지하는 것이 중요하다.

있어야 한다. 그러나 원칙에서 벗어난 요구가 혹 들어와도, 'No'라고 답변하던 시대는 이제 지나간 것 같다. 아이들이 왜 이런 요구를 하는지 들어주고, 유연성을 가지고 원칙을 지킬 수 있도록 이야기하는 **설득의 기술**이 필요하다.

이렇듯, 유연성과 원칙 사이에서 균형을 잡고 자녀와 대화할 때 필요한 것이 **코칭적 대화 기술**이다. 코칭적 대화는 아이를 일방적으로 이끌거나 지시하는 방식이 아니라, 아이 스스로 답을 찾도록 질문하고 기다리는 방식이다.

이때 GROW 모델은 부모가 대화의 흐름을 이끌어갈 수 있게 도와주는 강력한 도구가 된다.

💡 GROW 모델: 자녀 코칭과 교육을 위한 효과적인 질문 프레임워크

GROW 모델:
개인의 목표 설정과 문제 해결을 체계적으로 지원하는 코칭 도구이다. 1970~80년대 영국의 코칭 전문가 **존 휘트모어(John Whitmore)**가 개발했으며, 현재는 전 세계적으로 교육, 리더십, 진로 설계, 생활 습관 개선, 성과 관리 등 다양한 분야에서 폭넓게 활용되고 있다. 특히 **자기 주도적 성장**을 촉진하고, **내면의 동기**를 이끌어내는 대화 구조를 갖춘 GROW모델은 자녀 교육 및 부모 코칭에도 매우 효과적이다.

GROW 모델의 핵심 목적:
- 막연한 고민이나 갈등을 구체적인 목표와 실행 계획으로 정리할 수 있게 한다.
- 상대방이 스스로 답을 찾을 수 있도록 유도한다.
- 문제 해결 능력, 책임감, 자기 효능감을 높인다.

💡 GROW모델의 구조

단계	의미	핵심 질문
G – Goal	**목표**를 명확히 정하는 단계	• 어떤 결과를 원하는가? • 무엇을 이루고 싶은가?
R – Reality	**현재 상황**을 정확히 파악하고 인식하는 단계	• 지금 상황은 어떤가? • 무엇이 문제라고 느끼는가?
O – Options	**가능한 선택지와 대안**을 탐색하는 단계	• 어떤 방법들이 있을까? • 다르게 해 본다면?
W – Will	**실행 계획과 실천 의지**를 다지는 단계	• 무엇을 언제부터 하겠는가? • 첫 걸음은 무엇일까?

GROW 모델의 특징
- **비지시적**: 코치(또는 부모, 교사)는 답을 주지 않고 질문으로 이끈다.
- **구조적**: 대화를 명확한 흐름 속에서 정리할 수 있다.
- **유연성**: 학습, 진로, 관계, 감정 등 다양한 주제에 적용할 수 있다.

코칭적 대화를 순차적으로 도입해 보자.

처음부터 '목표'를 묻는 것은 아이에게 부담이 될 수 있다. 따라서 단기 목표에서 시작해 장기 목표로 자연스럽게 확장되는 구조를 만드는 것이 좋다.

그 출발점은 '무엇을 원하는지' 파악하는 것이다. 그다음에는 '현재 어떤 상태인지'를 살펴보고, 이어서 '무엇을 할 수 있으며, 무엇을 할지'에 대해 의견을 나눈다.

물론 코칭적 대화를 할 때는, 아이의 눈을 바라보고 목소리 톤도 부드럽게 하는 등 편안한 분위기를 만드는 것도 중요하다. GROW 모델을 기반으로 자녀와 의미 있는 대화를 하는 습관이 자리 잡는다면, 관계는 더욱 단단해지고 결과도 훨씬 생산적이 될 것이다.

GROW 모델의 대화 예시를 함께 살펴보자.

예시 대화 1: "받아쓰기 시험이 걱정돼요."

상황: 초등 1학년 아이가 받아쓰기 시험을 앞두고 불안해 한다.

- **G(Goal) – 목표 설정**

  부모: "이번 받아쓰기에서 너는 어떻게 하고 싶어? 어떤 결과가 나오면 좋겠어?"

  아이: "틀리지 않고 다 맞고 싶어요."

- **R (Reality) – 현실 점검**

  부모: "좋은 목표네! 그런데 지금은 어때? 연습해 보니 어땠어?"

  아이: "몇 개는 자꾸 헷갈려요. '외'랑 '왜' 이런 게요."

- **O(Options) – 대안 탐색**

  부모: "그런 어려운 낱말들을 연습하는 방법에는 뭐가 있을까? 엄마도 도와줄 수 있어."

  아이: "한 번 더 써보거나, 그림으로 외우기?"

  부모: "좋은 생각이네! 또 어떤 방법이 있을까?"

  아이: "친구랑 서로 문제 내 주기!"

- **W(Will) – 실행 계획**

  부모: "그럼 오늘 너는 어떤 방법으로 해 볼래? 그리고 언제 할까?"

  아이: "그림으로 외우기 해 볼래요. 저녁 먹고 나서 20분 정도요."

  부모: "좋아! 직접 정한 거니까 엄마도 응원할게. 끝나면 어땠는지도 같이 얘기해 보자."

GROW 모델의 대화 효과

이처럼 GROW모델은 아이가 스스로 목표를 정하고, 현재를 점검하며, 다양한 방법을 고민하고, 직접 선택하여 실행하는 방법이다. 이런 방법은 자기 주도성, 자기 효능감, 문제 해결 능력을 키우는 데 매우 효과적이다.

예시 대화 2: "친구가 저랑 안 놀아요."

상황: 초등학교 1학년 아이가 평소 잘 지내던 친구와 요즘 사이가 멀어진 것 같다며 속상해 한다.

- **G(Goal) – 목표 설정**

  부모: "그랬구나. 그 친구와의 관계가 어떻게 되었으면 좋겠어?"

  아이: "전처럼 다시 친해지고 싶어요. 같이 놀고 싶어요."

- **R(Reality) – 현재 상황 확인**

  부모: "오늘 어떤 일이 있었는지 조금 더 얘기해 줄 수 있어?"

  아이: "며칠 전부터 저랑은 잘 안 놀고, 다른 친구랑만 놀아요. 제가 가면 조용해져요."

  부모: "그럴 때 너는 어떻게 했어?"

  아이: "그냥 혼자 놀았어요. 무서워서 말도 못 걸었어요."

- **O(Options) – 가능한 방법 탐색**

  부모: "그럼 다시 친해지고 싶은 네 바람을 위해서, 어떤 방법이 있을까?"

  아이: "그냥 다가가서 '같이 놀자'라고 말해 볼까?"

  부모: "좋은 생각이네. 또 다른 방법도 있을까?"

  아이: "그 친구가 좋아하는 장난감을 가져가서 함께 놀자고 할까?"

  부모: "멋지다. 또 다른 아이랑 같이 셋이 놀아보는 건 어때?"

- **W(Will) – 실행 계획 세우기**

  부모: "그럼 너는 어떤 방법을 먼저 해 볼래? 그리고 언제?"

  아이: "내일은 '같이 놀자'라고 먼저 말해 볼래요. 쉬는 시간에요."

  부모: "좋아, 용기 내서 말하는 게 멋진 시작이 될 수 있을 거야. 잘 안 되더라도 엄마는 네 편이라는 거 잊지 마!"

GROW 모델의 대화 효과

아이의 감정을 충분히 들어주고 공감해 주면서 아이 스스로 해 볼 수 있는 방법을 찾아내도록 질문을 한다. 이때 부모가 대신 해결하려 하지 않고, 아이 스스로 행동을 선택하고 실행하도록 격려하면, 아이는 친구 관계의 수동적 피해자에서 능동적 해결자로 성장할 수 있을 것이다.

12. 공감 '갑' 엄마: 엄마의 공감 능력은 위대하다

 엄마들은 가족 가운데 누군가의 감정에 늘 먼저 알아차리고, 반응한다. 필요한 순간엔 먼저 '미안해'라고 말하는 사람도, 가족의 갈등을 조용히 봉합하는 사람도 엄마다.
엄마는 아이들이 즐겁게 성장하길 바라면서도 '기본 이상'으로 공부하도록 채근한다. 엄마는 가족뿐만 아니라 아이들을 둘러싼 모든 주변 관계, 친척 관계, 이웃 관계까지 잘 유지하는 역할을 한다. 모든 곳에서 엄마는 아이의 연결선이 된다.

한번 상상해 보자.
내 아이가 학교에서 축구, 미술, 영어를 배우고 있다고 생각해 보자. 엄마가 챙겨야 하는 것들이 무엇일까? 먼저 일주일 동안의 아이의 학교 스케줄, 이후 연계되는 방과 후 활동과 짧은 휴식 시간에 먹을 수 있도록 챙겨줘야 하는 식사, 숙제 등이 있다.
관계 측면에서 엄마는 학교 선생님, 학교 친구들, 축구 코치님, 축구 팀 멤버, 미술 선생님, 영어 선생님, 셔틀 안전 선생님까지 신경을 써야 한다. 엄마의 무심함 탓에 혹여 아이에게 부정적인 영향이 미칠까 염려해서이다.

그런데 아이의 세계만이 아니다. 엄마는 주변의 다른 엄마들과의 관계, 가족 간의 관계, 직장인이라면 직장에서의 인간관계까지 동시에 관리해야 한다.

셀프 체크: 나의 일주일을 돌아 보자

	월	화	수	목	금	토	일
오전, 기상~11시							
오전, 11시~오후 2시							
오후, 2시~8시							
오후, 8시~취침 시간							

시간 날 때 '엄마의 단톡방 개수는 몇 개일까' 세어보시기 바란다.
아마 10개가 훌쩍 넘을 것이다.

와!
어떤 엄마이든 느낄 것 같다.

참 자신이 대단하다는 것을!
엄마는 하루 종일 공감하느라 바쁘고 피드백을 주고받느라 바쁘다.
하루 내내 감정 조율과 시간 조율 사이를 오간다.

그런 까닭에,
엄마는 자신의 시간을 따로 마련해야 한다는 필요성을
절실히 느끼고 있다.
육아, 집안일, 일터에서 벗어난,
'엄마'가 아니라 '나 자신'으로 존재하는 시간!
그 시간만이 나를 회복시켜 줄 수 있다.

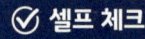 **셀프 체크**

오늘, 나 자신에게 진심을 담은 칭찬 한 마디를 해 보자.

나는 어떤 말을 들었을 때 가장 기분이 좋아지는가?
(예: "너 없었으면 어쩔 뻔했어.", "넌 진짜 마음을 잘 읽는 사람이야.")

제 3 장

자기 계발,
스스로 코칭

나는 누구인가?
엄마, 어른, 그리고 한때 아이였던 나!

한 사람의 인생에는 '세 가지 시간'이 존재한다.
- **과거** – 누군가의 자식이었던 시절,
- **현재** – 엄마·아내·직장인으로 살아가는 지금,
- **미래** – 여전히 성장해야 할 '나 자신'의 시간.

우리 엄마는 나를 어떻게 키웠을까? 아이들이 태어났을 때 많이 생각해 보았다. 하지만 시간이 흐를수록 육아·일·가사라는 거대한 파도에 내 인생은 온통 휩쓸린 기분이다. 엄마에 대한 생각을 하기 시작했을 때는 그 후 많은 시간이 흘렀을 때였다.

1. 나를 위한 질문들: 엄마가 행복해야!

　육아, 직장 생활, 멀티잡까지⋯.
숨 가쁘게 달려오던 어느 날 숨이 턱에 닿았을 때, 문득 내 안에서 작은 목소리가 속삭였다.

"지금이야, 너 자신을 바라볼 때야!"

이 작은 속삭임은 단순한 피로감의 표현이 아니었다. 내 마음이 보내는 신호였고, 삶의 방향을 되묻는 코칭적 순간이었다.

코칭에서는 이런 내면의 소리를 '변화의 출발점'이라고 부른다. 지금 이 자리에서 내가 누구인지, 무엇을 진정으로 원하는지, 어떤 삶을 살고 싶은지에 대하여 자기 자신과 대화를 하라는 것이다.
그 대화는 아주 작은 '질문'에서 시작된다.

• 나는 요즘 나 자신을 어떻게 대하고 있는가?

- 지금 내 삶에서 가장 우선순위에 두어야 할 것은 무엇일까?
- 오늘 하루, 나는 나 자신을 위해 무엇을 해 주었는가?
- 내가 진짜 원하는 삶의 모습은 어떤 걸까?

이런 질문들은 삶을 송두리째 바꾸는 거창한 결심을 요구하고 있지 않다. 다만 '지금 여기'에서 나를 존중하고 돌아보며 작은 회복을 시작하라는 요청이다.

그리고 무엇보다 중요한 사실 한 가지!
"엄마가 행복해야 아이도 행복해진다"라는 말!
이 말은 진리이다.
되뇌고 되뇌어도 결코 진부하지 않다.
엄마가 자신을 위한 질문을 던지고 스스로를 보살피기 시작할 때, 아이도 자연스럽게 그런 자기 돌봄의 힘과 자기 존중의 태도를 배우게 된다.
그러니 기억하자.
그 깨달음이 찾아온 이 순간이, 바로 변화의 가장 적절한 타이밍이란 것을!

'나를 위한 셀프 질문 10'에 답해 보기

영역	질문	코칭 포인트
1. 의미	내 인생에서 가장 소중했던 순간은?	최고의 순간을 떠올려 핵심 가치 확인
2. 자기 돌봄	온전히 '나만을 위해' 보낸 시간은 언제였나?	회복 탄력성과 셀프케어를 위한, 정기적인 Me Time 루틴 설계
3. 행복	무엇을 할 때 가장 행복감을 느끼는가?	행복 활동을 주 1회 이상 일정에 고정
4. 우선순위	지금 내 인생에서 가장 중요한 것은?	GROW의 G(Goal) 단계: 핵심 목표로 전환(가치 명료화)
5. 실천	나 자신을 위해 당장 할 수 있는 '작은 행동'은?	GROW의 W(Will) 단계: 24시간 내 실행 약속(행동 활성화)
6. 일관성	내 삶은 한 방향으로 정렬되어 있는가?	역할(엄마·직장인·나)의 조화 점검 (자기 결정)
7. 전략	액션 플랜을 스스로 세워본 적이 있는가?	S·M·A·R·T 방식으로 목표 구체화[3] (계획성과 실행)
8. 용기	용기는 어디서 오는가?	성장 마인드셋, '실패 → 학습'으로 재해석 훈련
9. 두려움	내가 가장 두려워하는 것은?	두려운 감정에 이름을 붙여 내용을 구체화하고, 과장된 생각과 분리
10. 틀 깨기	익숙한 틀에서 벗어날 용기가 있는가?	Comfort Zone → Growth Zone[4]으로, 작은 도전 설정

3) SMART 목표 설정 방식

SMART 목표는 1981년 미국의 경영 컨설턴트 조지 T. 도런(George T. Doran)이 제안한 개념으로, 효과적인 목표 설정을 위해 다음 다섯 가지 요소를 갖출 것을 강조한다.

- **S - Specific(구체적)**: 목표를 모호하게 두지 않고, 누가·무엇을·어디서·어떻게 달성할 것인지 명확히 정의한다. 예: "영어 공부를 열심히 한다." → "매일 저녁 20분 동안 영어 뉴스 한 편 듣기"
- **M – Measurable(측정 가능)**: 목표 달성 여부를 확인할 수 있도록 수치나 구체적인 기준을 정한다. 예: "책을 더 읽는다" → "한 달에 책 2권 읽기"
- **A – Achievable(달성 가능)**: 도전적이면서 현실적으로 가능한 수준의 목표를 설정한다.
- **R – Relevant(관련성)**: 나의 가치, 장기 계획, 현재 상황과 연결되어야 한다.
- **T–Time-bound(기한 설정)**: 언제까지 할 것인지 기한을 명시해 실행력을 높인다.

SMART 목표를 설정할 때, 추상적인 바람이 아닌, 실행 가능한 계획을 세워야 부모와 아이 모두 성취감을 경험할 수 있다.

4) Comfort Zone → Growth Zone → Panic Zone 개념
이 개념은 심리학·교육학·코칭 분야에서 널리 사용되며, 도전과 불안의 수준이 학습과 성취에 어떤 영향을 주는지를 설명한다.

- **Comfort Zone(안전 영역)**: 익숙하고 편안한 상태로, 불안이 거의 없지만 새로운 배움과 성장은 제한적이다. 예: 아이가 늘 잘하는 과제만 반복하며 도전하지 않는 경우.
- **Growth Zone(성장 영역)**: 적정 수준의 도전과 약간의 긴장이 있는 상태로, 학습과 성장이 최대로 일어나는 영역이다. 비고츠키의 근접발달영역(ZPD) 개념과 연결해 이해할 수 있다. 예: 아이가 새로운 문제를 풀거나, 새로운 활동에 참여해 보는 경우.
- **Panic Zone(위기 영역)**: 도전과 불안이 지나치게 커져 오히려 학습 효과가 떨어지고 회피 반응이 나타나는 상태이다. 예: 준비가 전혀 안된 상태에서 어려운 시험을 보거나, 과도한 경쟁 환경에 놓인 경우.

코칭 팁: 아이를 도울 때는 너무 편안하지도 너무 압박을 주지도 않는, '성장 영역에서 적절한 도전을 찾아주는 것'이 핵심이다. 이 과정에서 열린 질문(예: "다음에는 어떤 걸 시도해 보고 싶어?")과 긍정적 피드백은 아이에게 든든한 안전망 역할을 해 준다.

실천을 돕는 3단계 코칭 루틴

〈나를 위한 셀프 질문 10〉을 노트나 메모 앱에 자유롭게 기록한 다음, 이 내용을 한 걸음 떨어져 읽으며 핵심 키워드(감정·가치 등)에 동그라미를 해 두자. 그다음 가장 마음을 사로잡는 키워드 1~2개를 GROW 모델에 넣어 간단한 실행 계획을 세워 보자.
예를 들면 이렇다.

- G : 3주 후에, 나만의 아침 루틴을 확립하기로 목표를 정한다.
- R : 비록 현실은 일어나자마자 휴대폰부터 확인하는 습관이지만,
- O : 스트레칭·짧은 명상·감사 저널 세 가지 중 하나를 골라서 목표 설정을 한다.
- W : 내일부터 알람 옆에 스트레칭 매트를 미리 깔아두기로 한다.

아이에게 가장 좋은 롤모델은 잘 쉬고, 스스로를 성장시키는 균형 잡힌 엄마와 아빠의 모습이다. 특히 엄마가 행복해야 아이도, 가족도, 주변도 더 넉넉히 품을 수 있다.
오늘, 나 자신에게 진심 어린 칭찬 한마디를 건네 보자.

"나는 매일 최선을 다하는 멋진 사람이다!"

이 한 문장이 '내일의 나'를 한 뼘 더 성장시킬 것이다.

2. 나를 돌아보기 위한 검사 도구: 애니어그램

    자신를 돌아보기 위한 다양한 유형의 검사들이 있는데, 그 가운데 애니어그램(Enneagram)을 추천하고 싶다. 애니어그램은 단순한 성격 분류 도구를 넘어, 개인과 집단에서의 관계의 역동성을 바라볼 수 있는 아홉 가지 원형적 성격 유형 프레임워크이기 때문이다. 코칭적 관점에서 나는 애니어그램이 매우 유용한 자기 인식 도구라고 생각한다. "나는 왜 이런 행동을 할까?", "어떤 상황에서 불편함을 느끼고, 왜 반복되는 반응을 보일까?" 같은 질문에 답하며, 내면의 동기와 두려움을 탐색토록 도와주기 때문이다.

또한 애니어그램은 행동 너머에 있는 내면적인 동기와 심리적 욕구도 잘 보여 주는 편이다. 겉보기엔 비슷한 행동이라도, 그 행동을 유발한 감정이나 신념, 두려움은 사람마다 다를 수 있다. 애니어그램은 바로 이 지점을 섬세하게 비추어 준다.

이러한 이유로 코칭과 상담에서 내담자의 내면적인 동기와 성장 방향을 구조화하려 할 때, 때로는 심리 치료의 보조 도구로서 정서적 방어기제, 스트레스 반응 패턴 등을 이해하려 할 때 애니어그램은 도움이 된다.

1. 가슴형: 감정 중심 - 슬픔, 붉은 계열

특징		번호	사람	심리적 가능성
남에게 보여지는 이미지가 중요	성실, 진실성, 사랑, 감정에 치우침	2번	돕는 사람	**사랑을 통해 연결되는 사람 – 도와주는 사람** **핵심 욕구:** 사랑받고 필요한 존재가 되고 싶다. **핵심 두려움:** 사랑받지 못하고 외면 당하는 것 • 관계 중심적, 타인의 감정에 민감 • 칭찬과 인정에 예민한 반응 • 부탁을 거절하기 어려워함 • 사랑받기 위해 과도한 헌신을 하는 경향 • 다정하고 사랑스러운 기질 • 많은 이들에게 특별한 존재, 능력 있는 친구

스트레스 받으면 가슴이 아픔	기분에 좌우, 용서와 흘려보내기가 중요	3번	성취 하는 사람	**성공을 추구하는 사람**
				핵심 욕구: 인정받고, 유능하게 보이고 싶은 욕구
				핵심 두려움: 무능, 실패한 사람으로 평가받는 것
				• 단정하고 프로페셔널해 보이는 스타일을 선호
				  (예: 비행기 승무원과 같은 헤어스타일과 옷차림을 선호)
				• 성과 중심의 자기 표현, 다양한 자격증이나 성취 기록 강조
				• 사회적 네트워크('대단한 사람들')로 자신의 가치를 드러냄
				• 대표적 인물은 오프라 윈프리
				  - 어려운 환경(할렘, 미혼모의 삶 등)을 극복,
				    '반드시 성공한다'라는 강한 자기 확신으로 삶을 이끔
				• 동기 부여를 잘하고, 사회적 지위와 성과를 중시
				• 탁월한 커뮤니케이션 능력

영화 보고 눈물 흘리는 마음	과거 중심적	4번	개인 주의자	**예술적 감수성이 풍부한 사람** **핵심 욕구:** 독특하고 특별한 존재로 인정받고 싶음 **핵심 두려움:** 평범하거나 하찮은 존재가 되는 것 • 깊은 고독감, 타인과 감정적으로 연결되기를 갈망 • 그러나 자기만의 독특한 세계를 지키고 싶어 함 • 감정 이입 능력이 탁월, 고통이나 슬픔조차 예술적 감성으로 전환해 표현 • '나는 특별한 존재다', '나는 공주로 태어났다'라는 식의 상징적 자기 정체성도 가짐 • '빗자루를 타고 하늘을 나는 상상'처럼 예술적인 공상을 잘함 • 예술·디자인·문학·연기 등 감정 표현이 중요한 분야에서 뛰어난 능력 발휘

방어 기제와 심리적 취약성 (방어기제는 스스로를 방어하려는 무의식적 전략)		유형별 부모
• '나는 너를 도와야만 가치 있는 사람이다'라는 과도한 신념 • 영화 '미저리' 같은 집착 수준의 관계 가능성 • 상대가 원하지 않아도 도우려 하는 구원자 콤플렉스 • '나는 괜찮아'라고 자신의 고통과 결핍을 부정 또는 회피 • 타인을 위해 헌신하지만, 실제로는 사랑받고 싶은 내면의 갈망을 숨기려는 방어 • 억압적 – 자신의 욕구, 분노, 슬픔을 억누름	보살피며 칭찬해 주는 부모	**과도한 이타심: 타인을 통해 자신의 가치를 인정받으려는 유형** • 도움이 필요할 땐 언제 어디서든 돕는 봉사자 • 질투심과 소유욕이 생기기 쉬움 (무의식적 비교) • 자신의 욕구를 억누르다가 정서적 탈진 • 자녀는 사랑과 배려를 듬뿍 받으나, 자칫 엄마의 기대에 맞추려는 아이로 성장할 가능성 • 거절을 어려워하고, '좋은 부모'가 되려는 욕구로 인해 감정적 피로감 **코칭 포인트:** 자녀가 스스로 해낼 수 있도록 '도움이 아닌 지지자'로서의 태도 전환이 필요
• '성공한 모습만이 나의 가치'라는 강박 관념 • 성공해 보이는 스펙과 외모 강조 • 타인의 인정을 얻기 위한 과잉 성과 추구 • 체력 소진, 일중독으로 인한 탈진 우려 • 타인의 시선에 과도한 의존 • 거짓된 이미지에 스스로 속아 진실한 감정, 실패, 두려움을 무시	성취하는 부모	**성취 중심의 동기 유발자** • 자녀에게 목표를 세우게 하고 끝까지 끌고 가는 추진력을 갖춘 부모 • 효율성과 결과 중심의 사고방식, 자녀에게도 성취 지향적 태도 요구 • 과도한 기대로 자녀가 감정을 숨기거나, 실패를 두려워하게 될 수 있음 • '잘해야 사랑받는다'라는 신념을 전달할 위험 **코칭 포인트:** 결과보다 과정에 집중. 자녀의 작은 변화에도 진심으로 기뻐해 주고, 균형 잡힌 목표 설정, 긍정적 피드백, 그리고 자녀의 감정 상태를 먼저 묻는 대화 습관이 중요
• '나는 남들과 달리 뭔가 결핍되어 있다'라는 정서 • 감정 기복 심하고 과민반응 • 나르시시즘의 우회적 형태로 '나는 특별하지만 이해받지 못한다'라고 생각 • 죽음과 상실에 대한 망상적 몰입, 극단적인 감정 변화, 과민함 • '다 내 탓이오' 하며 고통 안으로 풍덩 빨려 들어감 • 함입: 외부 현실을 자기 내부로 깊이 끌어들여 고통을 내면화	예술가형, 특별한 감성 부모	**감성적 이해와 감정 조절이 과제** • 풍부한 감성과 창의적인 양육 환경을 제공 • 자녀의 독립성이나 일관된 규칙을 세우는 데에 어려움을 겪을 수 있음 • 감정 기복이 크고, 자녀와 힘께 기분 변화가 심할 수 있음 • 강점을 최대화하고 약점을 보완하려는 노력 필요 • 자율성은 좋으나, 안정감에 신경 **코칭 포인트:** 편안한 감정 표현과 일관성 있는 기준이 자녀에게 정서적 안정감을 줌

2. 배형: 본능 중심 - 분노, 황토색

특징		번호	사람	심리적 가능성
많이 먹음, 뱃심이 있어야 함	방어적, 짜증이 많음	8번	도전하는 사람	**강하게 보이려는 욕망 속에, 진짜 나를 숨기는 사람** **핵심 욕구:** 환경을 통제하고 주도권을 유지하고 싶음 **핵심 두려움:** 타인에게 지배나 배신을 당하는 것 • 세상을 스스로 책임지는 태도로 존재 가치 확인 • 솔직하고 직설적인 표현을 자주 사용 • 다른 사람의 능력을 빠르게 파악 • 말 한마디가 강하게 느껴질 수 있음 • 강한 보호 본능과 단단한 자아를 가진 인상 　(갑옷 입은 소녀) • 방어는 공격적인 방식으로 표현 • 자신감과 결단력이 뛰어남 • 고집이 있고, 의견 충돌을 두려워하지 않음
스트레스를 받으면 소리를 지르거나 먹거나 운동함	경계 형성, 긴장	9번	평화주의자	**평화를 품은 조율자 - 내면의 균형을 지향하는 사람** **핵심 욕구:** 내면의 평화와 조화 **핵심 두려움:** 갈등, 분열, 무의미 • '애니어그램의 왕관'이라 불릴 만큼 통합과 균형을 지향 • 나이가 들수록 온화하고 조화로운 성격에 만족 • 내면의 평화와 정서적 일관성을 매우 중시 • '색이 없는 색'이라는 별칭처럼 융합적이고 포용적인 성향 • 갈등이나 불협화음을 민감하게 감지, 중재자 역할 수행 • 타인의 감정을 섬세하게 읽으며, 주변을 안정시키는 　조율자 기질
스스로 잔소리가 많은지 모름 ↓ '네가 잘되기를 바라는 마음에서 하는 소리'라고 함	경계가 명확히 형성	1번	개혁자	**옳음을 향한 여정 - 이상과 현실 사이에서 균형 추구** **핵심 욕구:** 올바름과 완전함 **핵심 두려움:** 잘못됨, 결함 있는 존재가 되는 것 • 이상적 사고방식과 자기 통제를 중시 • 다른 사람을 비판하지만 동시에 자신에게도 엄격 • 내면에 '자기 감시자'가 존재(내 안의 시어머니) • 타인의 행동도 민감하게 관찰(남을 감시하는 시어머니) • 정리, 청결, 시간 엄수 등 질서와 규칙을 중시 • 문제를 빨리 바로잡으려는 욕구가 강함 • 타인을 향한 충고: 비난이 아닌 애정 때문이라고 생각 　(스스로는 잔소리하지 않는다고 여김)

방어 기제와 심리적 취약성 (방어기제는 스스로를 방어하려는 무의식적 전략)		유형별 부모
• 무의식적으로 감정을 억누르거나 부정하는 경향 • 강한 욕망과 통제 욕구가 내면에 존재 • 욕구가 충족되지 않으면 분노로 전이 • 과도한 욕망, 지배 욕구로 인한 내적 갈등 • 스트레스 상황에서 우울장애, 강박장애, 약물 의존, 히스테리성 성격장애와 연결될 수 있음	확신에 찬 대장부형 부모	**단단한 사랑, 깊은 외로움** • 강한 책임감과 리더십으로 자녀 양육을 주도 • 내면 깊은 곳에는 보호받고 싶은 욕구와 외로움 • 도전과 시련 앞에서도 물러서지 않는 태도 • 자녀에게 용기, 책임감, 의리, 정의를 행동으로 보이려 함 • 지배적이거나 통제적인 양육 방식 • 외강내유형으로, 감정을 드러내지 않지만 실제로는 상처받기 쉬운 감수성의 소유자 • 자녀의 자율성과 의견보다 자신의 신념과 방식을 우선시 **코칭 포인트:** '나는 완벽하고 강해야만 해'라는 신념을 완화, 진짜 강함은 약함을 나눌 수 있는 용기에서 비롯된다.
• 내면의 갈등을 인식하지 않으려고, 자신의 감정을 무의식적으로 억누르는 경향 • 이는 때로 자신의 욕구를 모르는 '무감각 (내면 차단)' 상태로 이어지며, 심리적으로는 이인화(자기 분리), 해리 반응으로 나타남 • 극단적 상황에서는 삶에 대한 무기력이나 자기 회피 • '나태'가 방어 전략, 이는 게으름이 아니라 '삶과 감정으로부터 자신을 보호하려는 무의식적 전략'	포용력과 참을성이 있는 부모	**조용한 사랑, 그러나 자기 소외의 위험** • 온화하고 수용적인 태도 • 높은 공감 능력으로 안정된 애착 환경 제공 • 갈등 없이 조화로운 분위기를 만들려고 노력 • 하지만 문제 상황을 피하려는 경향 때문에, 자녀의 요구에 명확히 반응하지 못할 가능성 • 부모 스스로 자기 감정을 무시하거나 억제하는 습관으로 인해, 자아 상실감으로 이어질 위험 **코칭 포인트:** '나는 괜찮아' 대신 '나는 지금 이렇게 느껴'라고 말하는 연습이 필요하다.
• 억압된 분노와 자기 합리화 • 겉모습은 단정하고 이성적, 내면에는 억눌린 분노와 좌절감이 쌓임 • 분노를 억제하고 지나치게 도덕적이거나 통제적인 모습을 보임 • 그 결과, 독선적이거나 비판적인 태도가 타인에게는 융통성 없는 인상으로 비춰짐 • 억눌린 감정이 누적되면 우울감, 강박증, 섭식 문제, 자기 파괴적인 충동으로 연결 • 자기 행동이 늘 '옳다'라는 합리화 경향, 감정적 유연성이 떨어질 수 있음	완벽한 양육자형 부모	**옳음으로 이끄는 모범과 기준** • 강한 정의감으로 세상을 바로잡는 개혁가형 • '모든 일은 정확하고 바르게!' 완벽을 요구하는 비판자 • 모든 과정을 성실하게(알람 시계) • 감정 억제로 화가 쌓여 갑작스러운 폭발로 나타나기도 • 고집 세고 잔소리 잘하고 화를 잘 내기도 **코칭 포인트:** 자녀에게 윤리적 기준과 삶의 책임감을 심어 주는 든든한 역할 모델이 될 수 있다.

3. 머리형: 사고 중심 - 불안, 푸른 계열

특징		번호	사람	심리적 가능성
시끄러운 마음을 싫어함	관찰과 분석을 통해 통제감 유지	5번	탐구자	**지식의 성채에 머무는 사람** **핵심 욕구:** 지식과 통찰로 독립적인 존재이고자 하는 욕구 **핵심 두려움:** 무능력하거나 무지한 상태 또는 자원의 고갈 • 정신적 독립성과 명확한 경계 설정을 중시 • 감정보다는 논리, 분석, 객관성을 중시 • 깊이 있는 사고와 지적 탐구에 몰두 • 내향적 성향, 소수의 신뢰하는 사람들과의 깊은 관계 선호 • 호기심과 집중력으로 과학, 기술, 예술 등에 탁월한 능력 발휘(예: 아인슈타인, 빌 게이츠 등) • 혼자만의 시간을 통해 에너지 회복 • 외부 세계보다 내면의 풍요로움이 더 큰 의미
잠자는 것으로 스트레스 해소	따져 보기, 전략 중요, 의심 많음	6번	충성 스러운 사람	**신뢰 위에 세운 용기의 사람** **핵심 욕구:** 안전, 소속감, 신뢰할 수 있는 체계 **핵심 두려움:** 버려짐, 불안정, 신뢰 상실 • 사람, 공동체, 팀워크를 중시 • 충성심, 헌신, 책임감 탁월 • 자신의 신념과 가치를 지키기 위해 헌신 • 안전에 대한 욕구가 강함 • 규칙과 질서를 통해 예측 가능한 삶 추구 • 전통과 검증된 방식을 신뢰 • 분쟁 상황에서는 중재자, 조정자 역할 • 용기 있는 리더십 발휘
감정 배제	미래 중심적, 미래에 대한 예측 중요	7번	열정 적인 사람	**자유로운 전략가의 비전을 가진 사람** **핵심 욕구:** 자유, 즐거움, 긍정적 가능성의 확장 **핵심 두려움:** 고통, 정체, 결핍, 반복되는 일상에 갇히는 것 • 풍부한 에너지와 활력, 빠른 사고 • 다양한 관점을 융합, 문제 해결력이 탁월 • 다재다능한 멀티태스커 • 새로운 자극, 도전, 취미에 대한 열정 (예: 급여의 80% 저축하여 산악자전거 구매) • 가볍고 유쾌한 상호 작용 선호 • 빠른 전환과 적응력을 발휘, 다양한 직업과 환경에 잘 적응 • 에너지 많은 창조적 리더형

방어 기제와 심리적 취약성 (방어기제는 스스로를 방어하려는 무의식적 전략)		유형별 부모
• 정서적 친밀감에 대한 부담감과 자기 자원의 소진에 대한 두려움으로 고립과 거리 두기 선호 • 내면의 불안이나 공허를 감정 분리로 방어하며, 감정을 외면하거나 억제 • 우울증, 해리 증상, 정신분열적 경향 등, 지나친 고립은 정서적 단절을 심화 • 과도한 자기 내면으로의 침잠은 세상과의 단절로 이어질 수 있음	탐구자, 관찰자	**지식 중심의 독립적 양육자** • 지적 자극과 정보의 전달을 중시 • 자녀에게 논리적이고 독립적인 사고방식 강조 • 감정 표현에 어려움 • 자녀에게 자율성과 공간을 주는 것을 존중 • 자녀와의 정서적 거리감으로 소통의 단절 우려 • 자녀의 정서적 요구에 민감하게 반응하지 못하여 '냉정하다'라는 오해도 받음 **코칭 포인트:** 감정 인식과 표현 연습을 말이나 글로 해 보고, 자녀에게 풍부한 정보와 깊이 있는 사고의 모델이 되어 주면, 존중과 자율성의 양육자가 된다.
• 내면의 불안을 타인이나 외부로 전가하는 투사 방어 기제 사용 • 세상을 '위험한 곳'으로 인식, 타인의 행동을 불신 또는 과잉 해석하려는 경향 • 불안과 의심이 지속되면 편집증적 성격장애, 경계성 성격이 나타남 • 극단적으로는 해리성 사고나 경직된 사고 체계를 보이기도 함 • 관계 속에서 자신을 지키기 위해 긴장 유지	충직함, 신뢰, 책임감, 성실함	**세심하고 성실한, 든든한 방패 같은 양육자** • 안정된 환경 제공 • 책임감과 준비성을 중시, 자녀에게도 조심성과 철저함을 가르침 • 자녀의 행동에 과도한 불안을 느끼거나, 과잉보호와 통제를 시도할 수 있음 • 지나친 간섭과 통제로, 자녀의 자율성과 도전을 제한할 수 있음 **코칭 포인트:** 신뢰하는 사람(배우자, 교사, 친구), 예측 시스템(일정표, 루틴), 긍정적 피드백 등으로 불안의 스펙트럼을 좁히고, 자녀에게 책임을 위임, 통제보다 관찰, 의심보다 격려에 집중해 본다.
• 내면의 공허나 고통을 회피하려는 경향 • 대신, 새로운 활동이나 자극으로 자신을 끊임없이 채우려 함 • 때로 폭식, 과소비, 과한 활동성 등으로 나타남 • 자기 합리화를 통해 자신의 회피 행동을 정당화 • 감정 회피가 반복되면 정서적 공허감이 심화 • 심한 경우, 조증 성향이나 히스테리성 성격 혹은 과도한 쾌락 추구에 따른 통제 상실로 이어질 수 있음	열정적인 사람	**즐거움을 나누는 자유로운 양육자** • 열정적, 자녀에게 다양한 경험과 창의적 환경 제공 • 긍정적이고 낙관적인 에너지 • 자녀의 개성과 독립성을 존중, 틀에 얽매이지 않는 자유로운 사고를 장려 • 정서적 안정감은 부족할 수도 • 어려운 상황에 직면하면 감정을 견디기보다 회피하거나 전환하려는 경향(목표를 이루려 하지만, 자녀가 힘들어하면 그만하라고 함) **코칭 포인트:** 자녀와 함께 감정을 느끼고, 과정의 가치를 존중하는 연습이 필요하다. 행복한 아이는 즐거움 속에서만이 아니라, 고통을 함께 견뎌 주는 부모가 있을 때 진짜 성장이 시작되기 때문이다.

3. 코칭이란: 내면의 나를 찾는 과정

코칭은 스스로 자신의 내면에서 답을 찾아가는 과정이다. 자신 안에 이미 존재하고 있는 가능성과 지혜를 발견하도록 돕는 것이다. 코칭에서 중요한 스킬 중 하나가 **경청과 공감**임은 계속 강조해 왔다. 그러나 누군가의 이야기를 진심으로 듣고 깊이 공감하려면, 먼저 내 안이 고요하고 안정되어야 한다. 마음이 분주하거나 불안하면, 상대의 말보다 내 속 생각과 감정에 더 끌려가 버리기 때문이다. 이렇게 내 안의 고요와 안정, 즉 이너 피스(Inner Peace)는 경청과 공감의 토양이 된다.

나를 위한 '아하 모멘트!'
'아하 모멘트'란 어떤 개념이나 아이디어를 '이해하거나 깨닫는 그 순간'이라고 했다. 마치 아이작 뉴턴이 정원에서 사과가 떨어지는 모습을 보다가…, '왜 사과는 옆으로도 위로도 아니고 항상 아래로 떨어질까?'라는 의문을 품고, 중력이라는 자연법칙에 대한 통찰(전설적이지만 상징적인 비유)을 얻었듯이, 또 아르키메데스가 욕조에 몸을 담그는 순간, '물이 넘치는 양이 내 몸의 부피와 관련이 있다!'라며 부력의 원리를 "유레카!"하고 깨우쳤듯이, '아하' 모멘트가 그런 순간이다.
그런데 이런 깨달음은 특별한 사람만의 전유물은 아니다. 우리가 익숙한 현상을 낯설게 바라볼 때, 즉 잠시 멈추어 다르게 관찰할 때, 그동안 보이지 않던 연결과 의미가 드러난다.

문제는 이 '아하 모멘트'가 어느 날 불쑥 찾아오지는 않는다는 사실이다. 그 뒤에는 늘 질문과 탐색, 그리고 연결의 시간이 있다. 끊임없이 스스로에게 묻고, 다양한 시도를 해 보고, 그 경험들을 엮어 가는 과정에서 비로소 "아, 이거구나!" 하는 순간이 찾아온다.
이런 '내면의 깨달음'이 쌓이면, 삶의 방향이 선명해지고, 자신의 강점과 본질을 발견하며, "나는 내가 생각했던 것보다 훨씬 가능성이 많다"라는 믿음을 갖게 된다.

나의 강점은 무엇일까?
자신의 강점을 어필하는 것은 부담스럽게 느껴질 수 있다. 스스로 강점이라고 생각하지만, 어떤 기준으로 이게 강점일까? 주변에서 많이 얘기해 줘서? 칭찬해 주니까? 하지만 분명한 사실은, 한 번뿐인 인생에 자신감은 필수이며, 그 자신감은 '나의 성장'을 위한 근원적인 에너지가 된다.
그런데 강점을 강화하려면 어떻게 해야 할까? 책을 읽으면 될까? 여행을 자주 다니면 될까? 자아성찰을 해야 할까? 강연을 들으러 다닐까?

> ### 💡 '나'를 위한 성찰!
>
> 나는 지금 병원 침대 위에 앉아 있다. 9시간이 넘는 뇌종양 수술을 받은 다음 날이다. 머리에는 온통 붕대가 감겨 있고, 진통제를 먹으며 통증을 견디는 중이다.
>
> 그럼에도 나는 왼손으로 타자 치기 연습을 시작했다. 뇌 수술 후에는 운동 신경 특히 평형 감각과 눈과 손가락의 협응 능력이 저하될 수 있다는 설명을 들었기에, 기능 회복과 신경 자극을 위해 작은 실천을 시작한 것이다. 단순히 손가락을 움직이는 훈련이 아니라, 다시 일상으로, 다시 사회로 복귀하기 위한 첫걸음이기도 했다.
>
> 이렇게 나는 코칭 책을 쓰기 시작했다. 물론 음성 인식 기능을 사용할 수도 있었다. 하지만 나는 GROW 모델의 Goal(목표)을 설정하고, 그 목표를 직접 이뤄내는 과정을 통해 내 안의 강점 하나를 더 키워 가고 싶었다. 이미 내가 지닌 기질, 그리고 회복을 향해 내딛는 작고 꾸준한 한 걸음 한 걸음이 강점이 되리라 믿었다. '나란 사람 그 자체'가 강점이 될 수도 있음을 나는 다시 믿어 보기로 했다.

강점이라고 뭐 거창하거나 특별한 게 아니다. 타고난 기질, 나의 방식, 반복적인 실천, 그리고 작은 선택 하나하나가 모여서 나만의 강점이 된다. 작은 목표 하나를 실천하는 경험이 나를 성장시키는 원동력이 되는 것이다.

약점과 단점은 다르다.

약점과 단점은 언뜻 비슷해 보이지만, 코칭적이고 성장 중심적인 시각에서는 그 의미와 접근법이 다르다.

약점은 아직 미숙하거나 덜 발달된 영역이고, 단점은 고치거나 극복해야 하는 부정적인 영역이다. 약점은 자기 인식을 통해 개선이 가능한 영역이지만, 단점은 비판과 평가의 대상으로 인식되기 쉽다. 약점은 '자기 인식'을 통해 성장 전략을 세울 수 있다. 단점은 '자기방어'가 앞서기 때문에 감정적 저항으로 이어질 수 있다.

약점은 '성장 여지'를 포함한 개념이다. 이것은 곧 자신에 대해 인식하고 이해할수록 변화의 가능성이 열린다는 뜻이다. 반면, 단점은 자칫 부정적인 자기 개념으로 고착될 수 있으며, 비판과 판단에 방어적 태도를 취하게 만든다.

다음은 단점으로 지적하는 관점과 약점으로 받아들이는 관점의 차이를 보여 주는 예이다.

단점 중심 접근 vs 약점 중심 접근

예시 상황: 아이가 매우 산만해서 집중을 못한다.

1. 단점 중심 접근
부모 말: "넌 왜 이렇게 산만하니? 제발 집중 좀 해!"

아이의 내면 반응: "난 원래 산만한 아이다." "나는 문제 있는 사람인가?"

→ 이런 접근은 아이를 위축시키고, 부정적 자기 이미지를 심어 준다.

2. 약점 중심, 코칭적 접근

부모 말: "네가 산만해지는 상황은 어느 때야?"

"집중이 잘 안될 때, 뭐가 도움이 될까?"

"혹시 집중이 잘 되었던 적은 언제였는지 기억나?"

아이의 내면 반응: "아, 내가 산만해질 땐 이런 이유가 있었구나."

"이럴 땐 이렇게 해 볼 수 있겠다."

→ 아이는 자기 패턴을 이해하고, 스스로 변화하기 위한 전략을 세울 수 있다. 코칭은 아이가 스스로 문제를 인식하고, 변화의 방향을 찾도록 이끌어 주는 과정이다. 자신의 단점을 약점으로 바라보며 '성장 가능성'으로 전환하는 것이 코칭적 관점이다.

현실 파악: 출발점을 명확히 하기

GROW 모델에서 '현실 파악'은 목표 설정 다음으로 중요한 두 번째 단계이다. 현실 파악은 단순한 현재 상태의 진단이 아니라, 목표 달성을 위한 출발점을 명확히 하는 과정이다.

자기 인식을 하고 변화를 추구하려면 지금 내가 어디에 있는지를 알아야 한다. 출발점을 모르면 어디로도 갈 수 없다. 나의 위치를 알아야 계획을 세우고, 움직일 수 있다. 예를 들어, 운동을 해서 건강해지고 싶다면 지금 내가 얼마나 움직이고 있는지 현재의 활동 수준을 먼저 확인해야 한다.

현실을 모르면 목표와의 간극도 파악하지 못해 막연한 목표만 남게 된다. 당연히 실행이 어려워진다.

코칭에서 현실 파악은 이미 가지고 있는 자원과 가능성을 발견하는 과정이다. 여기서 '자원'이란 다음과 같은 것들을 포함한다. 나의 강점이나 이전 경험, 주변의 지지자(가족, 친구, 멘토 등), 작은 성공을 이끌어 낸 과거의 전략, 학습된 기술, 마음가짐, 성격적 장점 등이다. 자원을 인식하면 자신감과 실행 동기가 높아진다. 이때 현실을 바라보는 시선이 부정적이면 한계가 보이고, 긍정적이면 가능성이 보인다.

4. 나는 어떻게 소통하는가?

부모와 아이의 관계는 '말'보다는 '마음의 연결'이어야 한다. 하지만 우리가 매일 주고받는 말들 속에는, 때로 아이를 향한 불안, 기대, 피로, 사랑이 뒤섞여 있어 제대로 전달되지 않기도 한다. 소통은 이러한 단순한 말의 교환이 아니라, 상대의 감정을 존중하고 이해하려는 태도에서 비로소 시작된다.

이런 때 유용하게 쓸 수 있는 도구가 바로 '소통 신호등'이다. 소통 신호등은 관계나 감정 상태를 색깔로 시각화하여, 말로는 표현하기 어려운

소통 신호등

지금, 나는 어떤 색으로 소통하고 있을까?

- 내 감정의 색을 동그라미 치거나 색칠해 보자.
- 내 감정 상태와 소통 방식을 비판 없이 관찰해 보자.

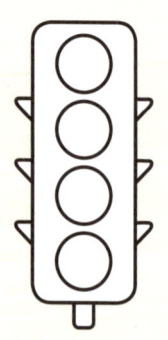

감정을 직관적으로 이해할 수 있게 돕는 훌륭한 도구이다. 말로 설명하기 어려운 감정을 색깔로 표현하여, 아이 입장에서는 자신의 감정 상태를 더 쉽게 표현할 수 있고, 부모는 아이가 지금 어떤 소통 신호를 보내고 있는지를 파악할 수 있다.

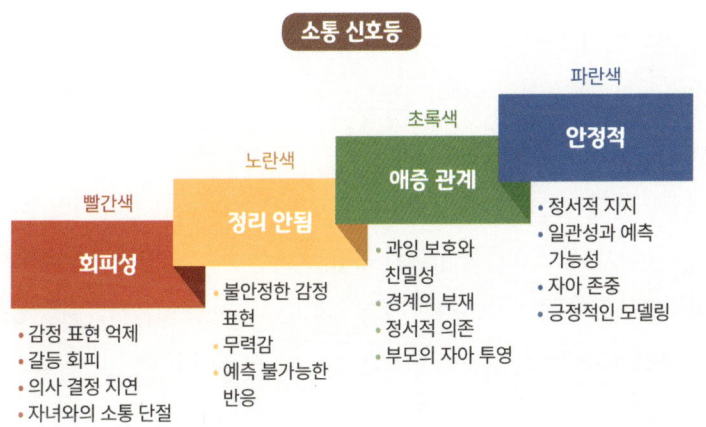

- **빨간색:** 회피성 소통

감정을 숨기거나 말하지 않고 억누르며, 갈등을 두려워 하는 상태이다. '그냥 괜찮아…'와 같은 말 뒤에 숨은 감정들이 있다. "네 마음 편하게 말할 수 있으려면, 어떻게 해 줄까?"처럼 신뢰를 주는 질문이 필요하다.

- **노란색:** 정리가 안된 소통

감정이나 생각이 정리되지 않아 혼란스러운 상태이다. 말이 중구난방이 되거나, 감정 기복이 크다. 감정과 생각을 정리할 시간을 주기 위해, "잠깐 쉬었다가 다시 이야기해도 괜찮아" 또는 "네 마음속 생각을 하나씩 적어볼까?"처럼 구조를 잡아주는 대화가 좋다.

- **초록색:** 애증 관계 소통

애착은 깊지만 감정의 기복이 크다. 좋을 땐 좋지만, 서운함도 크다. 갈등을 자주 겪는다. "우리가 서로 서운하지 않으려면 어떻게 하면 좋을까?"처럼 협력적 해결책을 찾는 질문이 필요하다.

- **파란색:** 안정적 소통

서로를 존중하고 신뢰하며 감정을 솔직하게 표현하고, 상대의 말을 잘 들어준다. 파란색 신호는 유지와 확장이 중요하다. "이렇게 편안하게 이야기하니 참 좋네, 앞으로도 이렇게 하려면 무엇이 필요할까?"처럼 긍정적 패턴을 강화하는 질문이 효과적이다.

감정에 따라 변하는 언어 습관을 파악해 보자

내가 자주 사용하는 어휘와 표현도 정리해 보자. 감정 상태에 따른 언어 패턴을 파악하게 될 것이다. 행복할 때와 불안하거나 분노 상태일 때 사용하는 표현을 비교하면, 감정에 따른 소통 방식의 차이를 인식할 수 있다. 이 감정 목록은 감정을 '좋은 것 vs 나쁜 것'으로 나누기 위함이 아니라, 자신이 어떤 감정 상태에 있는지를 인식하고, 그것이 말과 행동에 어떻게 영향을 주는지 파악하기 위한 도구이다. '기쁘다, 상쾌하다, 자랑스럽다, 뿌듯하다, 편안하다, 만족스럽다, 흥겹다' 등의 행복 감정과 '두렵다,

감정 목록

+행복 감정				−불행 감정			
기쁘다		불안하다		얄밉다			답답하다
	서운하다		행복하다		기분좋다		
상쾌하다		시원하다		만족스럽다			흥겹다
	억울하다		쓸쓸하다		슬프다		
두렵다		서글프다		편안하다			실망스럽다
	뿌듯하다		불만스럽다		뭉클하다		
부끄럽다		자랑스럽다		당황스럽다			편안하다

불안하다, 억울하다, 당황스럽다, 실망스럽다, 답답하다, 서운하다, 슬프다' 등의 불행 감정 목록을 체크해 봄으로써, 내 감정 상태를 명확히 알아차릴 수 있고, 감정에 따라 변하는 언어 습관도 파악할 수 있다.

이러한 분석을 통해 부정적인 표현을 긍정적으로 전환하는 연습을 해 보자. 자신의 말 습관을 관찰해 보면 다음과 같은 통찰이 가능하다.

- 나는 화날 때 어떤 단어를 자주 사용하는가?
- 스트레스를 받으면, 말투가 어떻게 달라지는가?
- 상대를 비난하는 표현이 많은가, 아니면 자신의 감정을 솔직히 표현하는가?
- 감정이 격해질 때, 침묵하는가? 말이 많아지는가?

감정을 분류하는 이유는 판단하려는 것이 아니라, 긍정적으로 바꾸기 위해서다. 감정은 행동의 연료이며, 언어는 그 연료가 어디로 흐를지를 결정하는 방향타이다. 따라서 감정 언어를 정리하고 전환하는 훈련은 자기 조절력, 실행력, 인간관계의 질을 높이는 데 큰 도움이 된다. 부정적인 말을 인식하고 표현을 바꿔보는 연습을 통해, 감정에 끌려가지 않고 감정을 리드하는 사람이 되는 것이다. 내면의 회복 탄력성 또한 강화된다.

한 끗 차이의 전환: 말이 바뀌면 마음이 바뀐다

부정적인 생각을 긍정으로 바꾸는 것은 한 끗 차이이다. 예를 들어, "나는 실패할 것 같아" 대신 "나는 도전해 볼 가치가 있어"와 같은 표현으로 바꾸어 보는 것이다. 부정적인 표현을 긍정적으로 바꾸는 것은 단순한 언어의 전환이 아니라, **'자기 인식 → 감정 조절 → 사고 전환 → 관계 개선'**으로 이어지는 변화의 연쇄 작용을 이끌어 낸다.

부정적 표현		긍정적 전환
"나는 실패할 것 같아."	→	"나는 도전해 볼 가치가 있어."
"또 잘못했어."	→	"이번엔 다르게 해 볼 수 있어."
"난 이게 약해."	→	"나는 이 부분에서 더 성장할 수 있어."
"그 사람은 너무 이기적이야."	→	"그 사람은 자기 방식이 분명하네."

이처럼 '한 끗 차이의 말 바꾸기'는 감정의 방향을 조절하고, 내면의 사고방식까지 점차 긍정적으로 전환시켜 간다. 부정적인 상황과 마주치면, "지금, 이 생각을 다르게 표현한다면 어떤 말이 될 수 있을까?", "이 상황

에서 내가 배울 수 있는 건 뭐지?" 등의 질문으로 생각의 틀을 바꾸어 보는 것이다. 언어에서의 작은 변화는 감정의 질을 바꾸고, 결국은 삶의 태도와 관계의 방식까지 바꾸는 강력한 내면의 코칭 도구가 된다.

아이와 함께 쓰는 감정 일기

아동기에는 또래 관계나 학교생활 속에서 다양한 감정을 경험하는 시기이다. 하지만 아직 감정을 언어화하고 표현하는 데는 서툴 수 있다. 감정 일기는 그 감정을 말로 표현하고 정리하는 정서적 훈련 도구로 자기 이해와 감정 조절, 표현력 향상, 공감 능력, 정서 지능(EQ) 발달에 매우 효과적이다.

아직 감정 표현이 서툴다면, 감정 단어부터 나눠 보는 것은 어떨까? 단순히 '좋다', '싫다' 같은 표현을 넘어, '속상하다, 억울하다, 기분이 좋다, 답답하다, 뿌듯하다' 등의 감정 어휘를 카드로 보여 주며 익히는 방법도 권할 만하다. 유아의 경우에는 감정을 색깔로 표현해 감정에 대한 시각적 인식을 높이는 것도 좋은 방법이다. 예를 들어, 기쁨 = 노랑, 분노 = 빨강, 두려움 = 회색, 평온 = 파랑 등으로 하루를 색으로 표현하고, 함께 대화해 보는 것이다.

이 밖에도 질문 형식, 즉 '오늘 기분은 어땠어?', '언제 그런 기분이 들었어?', '그 감정을 색깔로 표현하면 어떤 색일까?' 등의 방식으로 묻고 답하면서 자연스럽게 감정을 익히게 할 수도 있다.

엄마와 함께 감정 일기를 써 보는 것도 효과적이다. 이는 '감정은 부끄러운 게 아니라는 메시지'를 전달하는 모델링 효과가 있다. 단, 부담을 주거나 강요는 금물! 칭찬도 "오늘 슬펐다고 썼네. 그걸 말해 줘서 참 고마워"라고 감정에 초점을 둔다.

감정 일기는 단순한 일기가 아니라, 아이가 자신을 돌보는 법을 배우도록 엄마가 선물하는 '심리 체온계'라고 할 수 있다.

아이와 함께 감정 일기를 써 보자.

○○이의 감정 일기

📅 날짜: _____ 🕐 시간: _____ 📍 장소: _____

1. 오늘 내가 느낀 감정은? (여러 개 선택해도 좋아요.)

☐ 기뻐요. ☐ 슬퍼요. ☐ 화가 나요. ☐ 속상해요. ☐ 부끄러워요.
☐ 신나요. ☐ 무서워요. ☐ 걱정돼요. ☐ 자랑스러워요.
☐ 혼란스러워요. ☐ 편안해요. ☐ (스스로 써 보기) _____

2. 이런 감정을 느낀 이유는?

_____

_____

3. 내 몸은 어떻게 반응했나요?

☐ 얼굴이 빨개졌어요. ☐ 가슴이 두근거렸어요. ☐ 배가 아팠어요.
☐ 눈물이 났어요. ☐ 몸이 긴장됐어요. ☐ 몸이 가벼웠어요.
☐ (기타) _____

4. 나는 어떻게 행동했나요?

☐ 말을 안 했어요.   ☐ 소리를 질렀어요.   ☐ 울었어요.
☐ 웃었어요.   ☐ 도와달라고 했어요.   ☐ (기타) _____

5. 다음엔 이렇게 해 볼래요.(선택 또는 직접 작성)

☐ 감정을 먼저 말해 볼래요.   ☐ 조용한 곳에 가서 쉬어 볼래요.
☐ 엄마/아빠/선생님에게 말해 볼래요.   ☐ 10초만 심호흡 해 볼래요.
☐ 일기나 그림으로 표현해 볼래요.   ☐ (기타)

오늘 나에게 해 주고 싶은 말

"나는 나에게…"

_____

_____

오늘의 감정 정리

지금 내 감정 신호등 색깔은?

- 🔴 빨간색
  (화남, 불안, 속상함)
- 🟠 노란색
  (혼란, 복잡한 감정)
- 🟢 초록색
  (괜찮음, 안정됨)
- 🔵 파란색
  (편안함, 기분 좋음)

자기 계발, 스스로 코칭

5. 내 인생의 중심은 '나'다

우리는 정보의 홍수 속에서 살아가고 있다. 수많은 교육 자료와 블로그 글, 영상 자료 등이 넘쳐나서, 어떤 것이 진실인지 혼란스러울 때가 많다. 이러한 정보 과잉 속에서 가스라이팅을 당하기도 한다. 가스라이팅은 타인의 말이나 판단이 나의 감정, 사고, 신념까지 흔들어 놓는 심리적 조작이다. 이성이 마비되고 멘탈이 흔들린다. 이런 혼란 속에서 특정인의 주장이 점차 스며들면서 우리의 의식을 지배하게 되는 것이다.

특히 교육 분야에서는 획일적인 성공 방정식이 강조되며, 모든 아이들을 동일한 방식으로 키우려는 경향을 보인다. 모든 아이가 같은 방법으로 공부하고, 같은 방식으로 성취해야 한다는 전제는, 아이의 개성과 내면의 동기가 무시된 채, 비교와 경쟁 중심의 육아로 이어질 수 있다.

진짜 중요한 것은 '나의 중심'을 잃지 않는 것이다.

- 나는 누구인가?
- 내 아이는 어떤 기질과 흥미, 감정을 지녔는가?
- 내가 진짜 원하는 삶은 무엇인가?

이러한 질문들을 자신에게 해 보자. 혼란의 시대에 흔들리지 않는 부모, 그리고 내 방식으로 살아가는 첫걸음이라고 믿는다.

의사소통에서의 '백트래킹' 기법

의사소통은 단순한 의견 전달을 넘어 상호 작용과 피드백의 과정이다. 이 과정에서 내가 가장 많이 사용하는 방법이 '백트래킹(Backtracking)' 기법이다. **'백트래킹'이란 상대방이 한 말을 자신의 말로 다시 표현하여 확인하는 방법**이다. 그럼 그 사람 입장에서 왜 이런 발언을 했을지에 대해 생각해 볼 수 있게 된다.

예를 들면 이렇다.

- 아이: "오늘 학교에서 정말 짜증났어."
- 엄마: "학교에서 뭔가 불편한 일이 있었구나. 어떤 일이었는지 말해 줄래?"

이렇게 다시 곱씹음으로써 아이의 감정을 더 깊이 파악하여 신뢰를 형성할 수 있다. 백트래킹은 부모-자녀 간, 부부간 대화에서 감정의 충돌을 줄이고, 공감하는 핵심 스킬이다. 하지만 상대방의 감정을 상하게 하는 말투나 자존감을 상하게 하는 말, 비난하는 말 등은 어떤 경우에도 피하도록 노력해야 할 것이다.

의사소통

의사소통이란?
언어, 비언어 등의 소통 수단으로 생각, 감정, 사실, 정보, 의견을 전달하고 피드백을 받으면서 상호 작용하는 과정이다.

의사소통의 걸림돌

경고, 위협	훈계, 설교	충고, 해결 방법 제시	논리적인 설득, 논쟁
비판, 비평, 비난	욕설, 조롱	캐묻기, 심문	화제 바꾸기, 빈정거림

아이와의 소통에 코칭 기법 접목하기

부모와 자녀 간의 소통에 코칭 기법을 접목하면, 더욱 효과적인 대화가 가능하다. 특히 공감적 경청, 개방형 질문, 동기 유발 질문 등의 기법을 활용하면 자녀의 생각과 감정을 깊이 이해할 수 있게 된다.

공감적 경청은 판단 없이 아이의 말을 진심으로 듣는 태도를 의미하고, 개방형 질문은 '왜?'가 아니라 '어떻게'로 묻는 질문법이다. 동기 유발 질문은 아이가 스스로 목적과 이유를 찾을 수 있도록 돕는 질문을 가리킨다.

이러한 접근은 자녀가 자신의 감정을 솔직하게 표현하도록 도우며, 부모와의 신뢰 관계를 강화한다.

루프 피드백(Loop Feedback)의 중요성

아이와의 소통에서는 루프 피드백 방식도 효과적이다. 루프 피드백이란, '입력 → 반응(처리) → 피드백(결과) → 다시 입력…'이라는 반복적이고 상호 작용적인 피드백의 순환을 말한다. 예를 들어, 아이의 행동에 대해 피드백을 주고, 아이의 반응을 관찰한 후, 그 반응에 대한 또 다른 피드백을 제공하는 식이다. 이러한 순환적인 대화는 지속적인 인식, 조정, 학습의 기회를 만든다.

이는 심리학자 캐롤 드웩의 성장 마인드셋 이론과도 연결된다. 드웩은 **결과가 아닌 과정 중심의 피드백이 아이의 자기 인식 능력, 문제 해결력, 자율성과 책임감 형성에 큰 영향을 미친다**고 했다. 아이의 노력에 귀 기울이는 순간, 아이는 자신이 '가치 있는 존재'임을 느끼게 되고, 그 느낌은 아이의 삶을 변화시키는 힘으로 작용한다는 것이다.

코칭적 대화 예시

학교를 마친 후, 하루 30분 책 읽기를 부모님과 약속하였다.
하지만 아이는 이 약속을 번번히 어겼다.

약속을 지키기 싫어하는 아이는 단순히 게을러서가 아니다. 자기 조절이 어렵거나, 약속의 의미가 충분히 자기화되지 않아서다. 이런 경우 비난이 아닌 코칭적 대화로 접근해 보자. 스스로 책임감을 느끼고, 약속은 '지켜야 하는 부담스러운 일'이 아닌 '지키고 싶은 일'로 바뀔 것이다.

📝 코칭적 대화 예시(GROW 모델 기반)

- **G(Goal) - 목표 설정**

  엄마: "우리가 약속한 책 읽기 시간을 지키는 게 어떤 의미가 있다고 생각해?"

  아이: "공부에도 좋고, 엄마가 기뻐하니까?"

  엄마: "맞아. 너한테도 도움이 될 수 있어. 그럼 넌 책 읽기 약속을 어떤 방식으로 하고 싶어?"

  아이: "음…, 하루에 10분만 먼저 해 보고 싶어요. 30분은 너무 길어요."

  목표를 아이의 언어와 수준에 맞춰 다시 조정

- **R (Reality) - 현실 점검**

  엄마: "지금은 약속을 잘 못 지키고 있다고 했지? 그럴 때 너는 어떤 생각이 들어?"

  아이: "처음엔 귀찮고, 나중엔 잊어버려요."

  엄마: "그럴 수 있어. 너 혼자 지키기 어려운 부분이 있었구나."

  비난 없이 아이의 현실을 이해하고 공감

- **O (Options) - 대안 탐색**

  엄마: "그럼 약속을 지키기 쉽게 하려면 어떤 방법이 있을까?"

  아이: "알람을 맞춰 놓거나, 밥 먹고 바로 하게 정해 두는 거?"

> **엄마**: "그것도 좋은 방법이네! 또 도와줄 수 있는 게 뭐가 있을까?"
>
> **아이**: "엄마가 처음엔 같이 읽어 주면 좋을 것 같아요."
>
> **선택은 아이 스스로 하고, 부모는 도와주는 역할**
>
> - **W (Will) – 실행 계획**
>
> **엄마**: "그럼 오늘부터는 밥 먹고 10분, 엄마랑 같이 책 읽기. 그게 네가 정한 거니까 할 수 있겠지?"
>
> **아이**: "응! 10분은 할 수 있어요!"
>
> **엄마**: "좋아. 오늘 해 보고, 내일은 어떻게 할지 같이 얘기해 보자!"

코칭은 '지켜야 해!'보다 '어떻게 하면 지킬 수 있을까?'를 함께 고민하는 과정이다. 이를 위해서는 패러다임을 바꿔야 한다. 코칭에서의 패러다임 전환(Paradigm Shift)은 단순한 '생각의 변화'가 아니라, 자신과 세상을 바라보는 방식이 근본적으로 달라지는 것을 뜻한다.

전(기존 패러다임)	후(전환된 패러다임)
• "나는 원래 이런 사람이야."	• "나는 변화할 수 있는 사람이야."
• "실수하면 안 돼."	• "실수는 배움의 기회야."
• "우리 애는 절대 말을 안 들어요."	• "우리 아이에게도 나름의 이유가 있어요."
• "나는 뭘 해도 안될 거야."	• "내가 가진 자원으로 무엇을 해 볼 수 있을까?"

이렇듯 인식의 틀이 바뀌면, 문제를 보던 시각에서 가능성을 보는 시각으로 이동한다. '나는 못해'가 아닌, '처음이니까 당연히 어렵지'로 바뀐다. 도전하고 경험하며 자신감을 형성하는 기회가 열린다.

이러한 생각의 전환은 행동의 변화를 유도하고, 나아가 지속적으로 성장할 수 있는 내적 동력이 된다.

또한 삶에서 문제가 발생했을 때, 그 문제를 고정된 틀이 아닌 새로운 시선으로 바라볼 수 있는 시야도 갖게 된다. 즉, 세상을 새롭게 보는 힘, 성장의 변곡점을 만든다.

내 인생은 지금 어느 단계일까?

유아기? 아동기?

아니면 정말 어른일까?

이 책을 통해 함께 돌아보고 질문에 답을 해 보면서 스스로를 찾아보자.

오늘 거울을 보며 나를 보자.

스스로를 돌아보고,

질문하고,

자녀와도 함께 도전해 보자.

내가 보이면, 내 아이도 보인다!

| 책을 마무리하며… |

"질문하는 아이가 미래를 이끈다!"

　교육자로 살아온 지난 20년 동안, 저는 참으로 많은 변화를 경험했습니다. 칠판과 분필에서 디지털 교실로, 암기 중심의 교육에서 사고 중심의 수업으로의 전환은 느리지만 꾸준히 진행되었습니다. 하지만 최근 5년동안 코치로서의 여정을 시작한 이후 마주한 교육의 변화는 그 속도와 깊이가 전혀 다르다는 것을 실감하고 있습니다. 특히 인공지능(AI)의 발달은 이제 교육의 방향 자체를 재편하고 있습니다.

　특히 초·중·고 교육 과정에서, 학생 스스로 배우고 탐색하는 능력은 점점 더 중요해지고 있습니다. 반응형 AI는 질문에 답할 수는 있습니다. 하지만, 아이가 '무엇을 질문할지 모른다'면 AI로부터 아무것도 얻지 못합니다. 그래서 지금 우리 아이들에게 정말 필요한 능력은 바로 '질문하는 힘'입니다.

질문을 잘하는 아이는 스스로 생각하고, 배우며, 성장합니다. 이는 단순한 호기심이 아니라, 자신이 아는 것과 모르는 것을 구분할 수 있는 메타인지(Metacognition) 능력과 긴밀하게 연결되어 있습니다. 메타인지는 '생각에 대한 생각'으로, 자신의 학습과 사고를 객관적으로 성찰하고 조절하는 능력입니다. 스스로에게 "이건 왜 그렇지?", "내가 제대로 이해하고 있는 걸까?"라고 질문할 수 있는 아이가 진짜 배움의 주인이 됩니다.

그런데 좋은 질문은 하루아침에 생겨나지 않습니다. 질문의 씨앗은 책 읽기 속에서 자라납니다. 책 속에는 다양한 관점과 감성, 삶의 질문들이 녹아 있으며, 아이는 책을 통해 타인의 생각을 접하고, 그 위에 자신만의 물음을 덧붙이고 쌓아갑니다. 독서는 질문 능력을 기르는 가장 깊고도 확실한 길입니다.

여기에서 그 질문을 살아 움직이게 해 주는 다리가 바로 부모와의 대화입니다. 아이가 책에서 느낀 점, 궁금한 점을 부모와 함께 꺼낼 수 있을 때, 그 질문은 살아 움직입니다. "왜 그렇게 생각했어?", "그건 어떤 느낌이었어?"라는 부모의 따뜻한 질문은 아이의 사고를 한 단계 더 성장시킵니다.

이 대화의 경험들이 곧 아이의 자존감과 사고력을 키우는 영양소가 됩니다.
 질문이 많은 아이는 불안한 세상에서도 쉽게 흔들리지 않습니다. 정답이 정해지지 않은 미래 사회에서, 정확한 질문은 오히려 경쟁력입니다. 정답을 말하는 아이보다 '좋은 질문을 하는 아이'가, 결국 더 멀리 보고 더 깊이 파고드는 힘을 갖게 됩니다. 그런 까닭에 우리는 지금, 아이가 세상을 향해 질문할 수 있도록 도와야 합니다.

 이 책은 그 질문의 시작을 위한 작은 안내서입니다.
이 책이 부모와 아이가 함께 생각하고, 이야기하고, 웃고, 때로는 진지하게 토론할 수 있는 시간의 불쏘시개가 되기를 바랍니다. 이 책을 덮을 때 쯤이면, 아이의 눈 속에 작은 질문 하나가 반짝이고 있기를 기대합니다.

 급변하는 세상 속에서도 변하지 않는 가치는 '함께 생각하는 힘'입니다. 질문은 그 시작이고, 대화는 그 힘을 키워줍니다. 이 책을 통해 많은 가정에서 그 여정이 시작되기를 소망합니다.

2025년 여름에,
질문하는 아이를 기다리며….

부모와 아이가 함께 성장하는 **공감 코칭**
마음을 읽는 부모 단단해지는 아이

지음 | 박서경

초판 1쇄 발행일 | 2025년 9월 11일

펴낸이 | 신난향
편집위원 | 박영배
펴낸곳 | (주)맥스교육(맥스미디어)
출판등록 | 2011년 8월 17일(제2022-000038호)
주소 | 경기도 성남시 분당구 운중로 142, 903호(운중동, 판교메디칼타워)
대표전화 | 02-589-5133   **팩스** | 02-589-5088
홈페이지 | www.maksmedia.co.kr
블로그 | blog.naver.com/maksmedia

책임편집 | 김소연
디자인 | 박지영
영업·마케팅 | 배정아, 박성하
경영지원 | 박윤정

ISBN 979-11-5571-437-9 (03590)

* 이 책의 내용을 일부 또는 전부를 재사용하려면 반드시 (주)맥스교육(맥스미디어)의 동의를 얻어야 합니다.

* 잘못된 책은 구입처에서 교환해 드립니다.

사랑하는 가족에게!
제 글이 세상에 나올 수 있었던 것은
우리 가족의 변함없는 믿음, 기다림,
그리고 사랑 덕분입니다.
이 책을 여러분께 바칩니다.

내 사람 씨, 호연이,
나의 멘토 엄마,
나의 정신적 지지자 락 씨,
그리고 언제나 내 편인 아빠에게~